BIBLIOTHÈQUE*S* DE DROIT

COLLECTION FONDÉE ET DIRIGÉE PAR JEAN-PAUL CÉRÉ

Cette collection a pour vocation d'assurer la diffusion d'ouvrages scientifiques sur des thèmes d'actualité ou sur des sujets peu explorés dans le domaine des sciences juridiques. Elle se destine notamment à la publication de travaux de jeunes chercheurs.

Dernières parutions

G . DELI, *Juste vivre. Vers une théorie juridique éthique*, 2023.

E. GINDRE (dir.), *La dignité des personnes détenues dans les prisons des Outre-Mer,* 2023.

M. DOS SANTOS, *La gravité en droit international pénal. Une notion insaisissable et instrumentalisée*, 2023.

C. MÉNABÉ et J. LEONHARD (dir.), *Réinsérer les femmes et les mineurs face au soupçon de danger terroriste.*

P. KEUBOU, *La procédure pénale au Cameroun.*

C. MENABE et J. LEONHARD (dir.), *Femmes, mineurs et terrorisme.*

J. FALXA (dir.), *Coopération judiciaire internationale en matière pénale. France, Brésil, Suriname*

N. JOUENNE-PEYRAT, *L'encadrement pénal de la prostitution des mineurs.*

J-P. CERE, *Droit disciplinaire pénitentiaire, 2e édition*, 2020.

La peine d'amende proportionnelle au produit tiré de l'infraction

5-7, rue de l'École-Polytechnique, 75005 Paris

http://www.editions-harmattan.fr

ISBN : 978-2-336-41965-7
EAN : 9782336419657

Cassandra Tallon Espigares

La peine d'amende proportionnelle au produit tiré de l'infraction

L'Harmattan

« Les opinions exprimées dans ce mémoire sont propres à leur auteur et n'engagent pas l'Université de Bordeaux ».

À mon grand-père,

REMERCIEMENTS

Je remercie tout particulièrement ma directrice de mémoire, Madame la Professeure Charlotte Claverie – Rousset, pour sa disponibilité, son aide et ses précieux conseils dans la réalisation de ce mémoire. Nos (nombreux) échanges ont été pour moi une grande source d'inspiration. Mes remerciements vont également à Monsieur le Professeur Jean-Christophe Saint-Pau pour sa présence à la soutenance de ce mémoire.

Je remercie en outre Madame la Professeure Paule Halley, titulaire de la Chaire de recherche du Canada en droit de l'environnement à l'Université de Laval, et Monsieur Charles Moynot, premier vice-président adjoint et coordonnateur de la JIRS au sein du Tribunal Judiciaire de Bordeaux, pour leurs réponses à mes diverses questions et leur expertise.

Je tiens également à témoigner ma reconnaissance à mes amis pour leurs relectures, les pistes d'amélioration proposées et leur soutien sans faille. Je remercie tout particulièrement Pauline, Candice et Agathe pour nos discussions passionnantes sur nos sujets respectifs.

Pour leur soutien tout au long de ces cinq années d'études, je remercie également Malaurie, Raphaël, Gabriel et Titouan.

Enfin, mes derniers remerciements sont à l'attention de ma famille pour leur confiance indéfectible et leurs encouragements : ce mémoire, au fond, est un peu le vôtre.

LISTE DES ABRÉVIATIONS

AFA	Agence Française Anticorruption
AGRASC	Agence de gestion et de recouvrement des avoirs saisis et confisqués
AJ Pénal	Actualité juridique Pénal
al.	Alinéa
AMF	Autorité des marchés financiers
Art.	Article
Art. Cit.	Article déjà cité
BNF	Bibliothèque Nationale Française
Bull. crim.	Bulletin des arrêts de la chambre criminelle
c/	Contre
Cah. Cons. const.	Les Cahiers du Conseil constitutionnel
CEDH	Cour Européenne des Droits de l'Homme
CGI	Code Général des Impôts
Chron.	Chronique
CJIP	Convention judiciaire d'intérêt public
CJUE	Cour de Justice de l'Union Européenne
CMF	Code monétaire et financier
Coll.	Collection
Cons. const.	Conseil constitutionnel
CSDHLF	Convention de sauvegarde des droits de l'homme et des libertés fondamentales
DDHC	Déclaration des Droits de l'Homme et du Citoyen
dir.	Direction

ENM	École Nationale de la Magistrature
Fasc.	Fascicule
Gaz. Pal.	Gazette du Palais
HATVP	Haute Autorité pour la transparence de la vie publique
Ibid	Au même endroit que la référence précédente
Infra	Plus bas dans le texte
ISCJ	Institut de Sciences criminelles et de la justice
J. Cl. Pén.	Jurisclasseur Pénal
JCP G.	La Semaine Juridique – Édition générale
JIRS	Juridictions interrégionales spécialisées
LGDJ	Librairie générale de droit et de jurisprudence
LGF	Librairie générale française
Litt.	Littéralement
LPA	Les Petites Affiches (Lextenso)
Mél.	Mélanges
n°	Numéro
OCDE	Organisation de coopération et de développement économiques
ONU	Organisation des Nations-Unies
op. cit.	Ouvrage déjà cité
p.	Page
PNF	Parquet National Financier
PU	Presses universitaires
PUS	Presses universitaires de Strasbourg
RD pén. crim.	Revue de Droit Pénal et de Criminologie
Rép. Pén.	Répertoire de droit pénal et de procédure pénale

Rev. Univ.	Revue universitaire
RICPTS	Revue internationale de Criminologie et de Police Technique et scientifique
RJO	Revue juridique de l'Ouest
RRJ	Revue de la recherche juridique, droit prospectif
RSC	Revue de science criminelle et de droit pénal comparé
RTD com.	Revue trimestrielle de droit commercial
s.	Suivant(s)
Suppl.	Supplément
Supra	Plus haut dans le texte
T.	Tome
T. corr.	Tribunal correctionnel
V.	Voir
Vol.	Volume

SOMMAIRE

INTRODUCTION

1. « Le crime ne paie pas »[1]. « Pour qu'un châtiment produise l'effet voulu, il suffit qu'il dépasse l'avantage résultant du délit »[2]. Déjà au XVIIIe siècle, Cesare Beccaria soulignait l'importance de ne pas laisser à l'agent reconnu coupable d'une infraction la moindre partie de ce qu'il a pu retirer de ses méfaits, faute de quoi la peine – ici désignée sous la notion de châtiment – perdrait ses caractères répressifs et dissuasifs. Force est de constater que, trois cents ans plus tard, ce constat demeure inchangé et trouve encore à s'appliquer à force au sein des sociétés modernes. Il est donc nécessaire que le législateur établisse des peines aptes à assurer au délinquant que le crime ne paie pas.

2. Peine. Traditionnellement définie comme « la contrepartie juridique de tout crime ou délit commis dans toute société humaine organisée »[3], la peine bénéficierait en réalité, selon certains auteurs, d'un foyer[4] ou d'une infinité de sens[5]. Il est d'ores et déjà à noter que, malgré son apparition au sein du bloc de constitutionnalité – à l'article 8 de la DDHC notamment –, cette notion ne bénéficie d'aucune définition ni de la part de la

1 Cutajar, C. (2010). Garantir que le crime ne paie pas : stratégie pour enrayer le développement des marchés criminels. PUS, p.330.

2 Beccaria, C. (1764). Des délits et des peines (éd. 2006). Coll. GF, Flammarion.

3 Jeanclos, Y. (2012). *La peine : Miroir de la justice.* Lextenso.

4 Gros, F. (2001). Présentation. In Antoine Garapon éd., *Et ce sera justice: Punir en démocratie.* Odile Jacob. p. 11-15.

5 Nietzsche, F. (1887). La Généalogie de la morale (éd. 2023). Flammarion, coll. GF.

juridiction constitutionnelle[1], ni de la part du législateur[2]. Est ainsi revenu à la doctrine le soin de préciser ce qu'est la peine ainsi que d'en spécifier les contours. De fait, la peine, œuvrant au service du droit et de la justice[3], renverrait tantôt à une « rétribution religieuse, juridique et sociale d'un acte portant atteinte à l'existence ou à l'intégrité d'une personne ou d'une chose »[4], tantôt à une « sanction pénale attachée par un texte pénal à la définition d'une infraction et qui est la conséquence de la commission de cette infraction »[5].

3. Notion européenne de peine. Complémentant la définition interne, la CEDH a développé une notion conventionnelle autonome[6] de la peine en précisant différents critères d'identification de celle-ci tels que la qualification retenue en droit interne, la gravité avérée et manifeste de la mesure, le fait qu'elle soit prononcée à la suite d'une condamnation, sa nature et son but, son régime ainsi que les procédures liées à son adoption et son exécution[7]. Toutefois, la notion européenne de peine ne peut remplacer la notion interne puisqu'elle a uniquement vocation à assurer une véritable protection aux justiciables de la Cour européenne des droits de

---

1 Drago, G. & de Lamy, B. (2012). Les relations du droit pénal et du droit constitutionnel. In Saint-Pau, J.-C. (2012). Droit pénal et autres branches du droit : regards croisés. Actes du XXe congrès de l'Association française de droit pénal. Éditions Cujas, coll. Actes & études – Van de Kerchove, M. (2008). Le sens de la peine dans la jurisprudence du Conseil constitutionnel français. Rev. sc. crim. p.808.

2 Celui-ci se contente de dresser la liste des sanctions qui constituent une peine, les fonctions de cette dernière mais jamais ne la définit.

3 Rigaux, F. (1984). La fonction de la répression pénale dans un ordre juridique. *Punir, mon beau souci*. Rev. Univ. Bruxelles. p.76

4 Jeanclos, Y. (2012). *La peine : Miroir de la justice.* op. cit.

5 Cabrillac, R. et autres (2020). Dictionnaire du vocabulaire juridique 2021 (12e éd.). LexisNexis.

6 Bonis-Garçon, É., Peltier, V. (2019). *Droit de la peine.* LexisNexis.

7 CEDH, Welch c/ Royaume-Uni, 9 février 1995, n°307A ; CEDH, Jamil c/ France, 8 juin 1995, n°317B.

l'Homme[1] fondée, notamment, sur l'article 7 de la Convention du même nom.

4. Peine et sanction pénale : de faux-amis. Longtemps confondues[2], peine et sanction pénale ne sont pourtant pas des notions interchangeables. En effet, grande absente du nouveau code pénal[3], la seconde renvoie à une conception plus large que la seule peine puisque apparaissent également au sein de cette catégorie les mesures de sûreté[4]. Si toutes deux sont prononcées par le juge pénal en réaction à la commission d'une infraction[5], la peine nécessite, en outre, un lien avec l'appréciation de la culpabilité de l'individu[6]. Aussi, si la peine est nécessairement une sanction pénale, la réciproque n'est pas toujours vraie.

5. Les fonctions de la peine[7]. « Châtiment édicté par la loi à l'effet de prévenir et, s'il y a lieu de réprimer, l'atteinte à l'ordre social qualifiée d'infraction »[8], la peine a pour fonction première la sanction du condamné, sa punition[9], en lui infligeant

1 Bonis-Garçon, É., Peltier, V. (2019). *Droit de la peine*. op. cit.
2 Dreyer, E. (2021). *Droit pénal général* (4e éd.). Lexis Nexis.
3 Badinter, R. (1988). *Projet de nouveau Code pénal*. Dalloz. p.18
4 Larguier, J., Conte, P., & Maistre du Chambon, P. (2018). Droit pénal général (23e éd.). Dalloz, coll. Les Mémentos Dalloz, Série droit privé.
5 Pradel, J. (2019). *Droit pénal général* (22e éd.). Éditions Cujas.
6 De Montgolfier, J.-F. (2011). L'apport de la jurisprudence du Conseil constitutionnel au critère de la peine. In Malabat, V., Lamy, B., Giacopelli, M., & De Lamy, B. (2011). Droit pénal le temps des réformes : actes du colloque des 7, 8 et 9 octobre 2009, à l'Université Montesquieu Bordeaux IV. Litec, coll. Colloques & débats. p.236.
7 Il est à noter que le législateur s'est prononcé très tard sur les fonctions des peines autres que celles privatives de liberté puisque celles-ci sont apparues textuellement au cours du XXIème siècle : Sellin, J. (2018). Définir le sens de la peine : un travail de Sisyphe ? Le point de vue du juriste. *Rue Descartes*, n°93, p.120-127.
8 Cornu, G. (2022). Vocabulaire juridique : Association Henri Capitant (14e éd.). PUF.

une souffrance physique ou psychologique[1] opérant tant sur son patrimoine, que sur ses droits ou encore sa liberté[2]. Elle bénéficie également d'un aspect infamant pour le condamné qui se trouve ainsi soumis à la désapprobation populaire. Second volet de la fonction juridique de la peine, elle vise également à prévenir la récidive ou la réitération de l'acte dans un souci de protection de la collectivité. La peine possède, en outre, une dimension sociale forte dès lors qu'elle a vocation à réinsérer, ou insérer, le condamné dans la société en le réadaptant à celle-ci[3], ce qui implique que le condamné fasse sienne sa peine[4]. Or, toutes ces fonctions, énoncées à l'article 130-1 du Code pénal, semblent se retrouver sans mal dans les deux peines principales du système juridique français que sont la peine privative de liberté et la peine d'amende.

6. Peine d'amende. Monument du droit pénal[5], la peine d'amende est l'obligation qui consiste, pour le condamné, à payer une somme d'argent[6], en une ou plusieurs fois, au Trésor public[7] impliquant, de fait, un transfert de propriété du délinquant à l'État, le second privant le premier de sa propriété[8]. Ce « paiement forcé, à titre de châtiment, d'une certaine somme

---

9 Peltier, V. (2018). Le sens de la sanction pénale, *Le sens de la peine*. Pulim. p.23-33

1 Jeanclos, Y. (2012). *La peine : Miroir de la justice.* op. cit.

2 Bonis-Garçon, É., Peltier, V. (2019). *Droit de la peine*. op. cit.

3 Garofalo, R. (1890). *La criminologie*.

4 Tarde, G. (1890). *Les lois de l'imitation.*

5 Royer, G. & Stasiak F. (2009). Pour une efficacité optimale de l'amende pénale : les apports de l'analyse économique du droit à la réforme du Code pénal. In Giacopelli, M, de Lamy, D. & Malabat, V. (2009) *La réforme du code pénal et du code de procédure pénale – Opinio doctorum*, coll. Thèmes et commentaires. Dalloz, p.290.

6 Donnedieu de Vabres, H. (1947). Traité de droit criminel et de législation pénale comparée (3e éd.). Librairie du Recueil Sirey.

7 Décima, O., Detraz, S., & Verny, É. (2022). *Droit pénal général*. LGDJ.

8 Royer, G. (2009). *L'efficience en droit pénal économique : étude de droit positif à la lumière de l'analyse économique du droit*. LGDJ.

d'argent »[1] n'est ni une innovation moderne, ni une spécificité française puisqu'elle bénéficie d'une présence ininterrompue dans l'ensemble des systèmes répressifs développés depuis le Code d'Hammourabi[2]. Frappant « la poche du condamné »[3], cette peine pécuniaire[4] par excellence[5] peut être prononcée à titre principal[6] tant en matière contraventionnelle, que correctionnelle ou criminelle mais toujours à raison de la commission d'une infraction[7]. Peine qui présente l'avantage de ne pas être corruptrice – à l'inverse de la prison[8] –, l'amende ne représente pourtant que 32,4 % des peines prononcées en 2021 par les différentes juridictions[9], la plaçant au second rang des peines les plus prononcées derrière la peine privative de liberté. Les poursuites en vue de l'exécution de la peine d'amende se font soit par le comptable public, soit par l'AGRASC mais toujours au nom du procureur de la République[10]. Conformément à sa nature de peine, l'amende pénale est

---

1 Bouzat, P. & Pinatel, J. (1970). Traité de droit pénal et de criminologie : Droit pénal général (2e éd), T.I, Librairie Dalloz.

2 Royer, G. & Stasiak F. (2009). Pour une efficacité optimale de l'amende pénale : les apports de l'analyse économique du droit à la réforme du Code pénal. art. cit.

3 Lernell, L. (1979). Certains aspects philosophiques et sociologiques du problème des peines pécuniaires. *RSC*, p.187 et s.

4 Beziz-Ayache, A. (2016). Dictionnaire de droit pénal général et procédure pénale (6e éd), coll. Dictionnaires de droit. Ellipses.

5 Pradel, J. (2016). Droit pénal comparé (4e éd.). Dalloz, coll. Précis.

6 Dreyer, E. (2014). Sur les fonctions respectives de l'amende et de la confiscation. *Gaz. Pal.*, n°133. p.16-17.

7 Potier, J. (2012). *Le prononcé de l'amende* [Mémoire de recherches, Université de Reims Champagne-Ardenne].

8 Merle, R. & Vitu A. (1967). *Traité de droit criminel* (1e éd.). T.1, Cujas.

9 V. annexe n°1 : Peines principales prononcées dans les condamnations en 2021. Ministère de la justice. (2022). Les condamnations. http://www.justice.gouv.fr/art_pix/Les%20condamnations%202021_WEB.pdf

10 Art. 707-1 al. 2 du code de procédure pénale.

soumise aux règles classiques du droit pénal[1] parmi lesquelles figure notamment le principe de légalité criminelle ou encore de nécessité des peines[2].

7. **Peine d'amende et autres peines pécuniaires.** Si l'amende est la peine la plus importante de la catégorie doctrinale[3] des peines pécuniaires, elle n'est en est pourtant pas l'unique représentante dès lors qu'elle apparaît aux côtés des peines de jour-amende et de sanction-réparation[4]. Alors que la première vise le versement « au Trésor [d']une somme dont le montant global résulte de la fixation par le juge d'une contribution quotidienne pendant un certain nombre de jours »[5], la seconde, quant à elle, « consiste dans l'obligation pour le condamné de procéder, dans le délai et selon les modalités fixés par la juridiction, à l'indemnisation du préjudice de la victime »[6]. Aussi, aucune d'elles ne peut être assimilée à la peine d'amende et sont, par conséquent, exclues de ce champ d'étude.

8. **Peine d'amende et autres sommes d'argent payées par le délinquant.** De même, l'amende pénale se distingue d'autres amendes présentes au sein du système juridique français telles que les amendes civile[7], disciplinaire[8], administrative[9] ou douanière par exemple, cette liste n'étant pas exhaustive. A tire d'exemple, la première de ces amendes, prévue par exemple à

---

1 Merle, R. & Vitu A. (1967). Traité de droit criminel. op. cit.

2 V. infra n°87.

3 Décima, O., Detraz, S., & Verny, É. (2022). *Droit pénal général.* op. cit.

4 Respectivement prévues aux articles 131-5 et 131-8-1 du code pénal.

5 Art. 131-5 du code pénal.

6 Art 131-8-1 du code pénal.

7 Prorok, J. (2019). La répression civile. *RSC*, n°2, p.313-325.

8 Vise à sanctionner les fautes commises par un individu dans l'exercice de ses fonctions

9 « Pénalité pécuniaire prononcée par une autorité administrative traditionnelle ou indépendante » : Guinchard, S., Debard, T., et autres (2021). Lexique des termes juridiques (29e éd). Dalloz.

l'article 32-1 du code de procédure civile, « est une amende édictée par une loi civile et prononcée par une juridiction civile qui sanctionne soit le fait de se soustraire à une charge publique ou civique, soit l'usage contestable d'une voie de droit »[1]. Elle se distingue également de l'amende de composition, prévue au second alinéa de l'article 41-2 du code de procédure pénale, ou encore des dommages et intérêts dus à la victime, ces derniers revêtant alors une nature civile puisqu'ils ont vocation à réparer le préjudice par cette dernière[2].

9. **Peine d'amende et amende d'intérêt public.** Insérée en droit français par la loi Sapin II[3] à l'article 41-1-2 du Code pénal, la convention judiciaire d'intérêt public est une alternative aux poursuites[4] applicable aux seules personnes morales pour des infractions commises notamment en matière économique, mais également, depuis une loi de 2020[5], en matière environnementale. Parmi les obligations découlant de la mise en œuvre d'une CJIP figure le paiement d'une amende dite d'intérêt public dont le montant est fixé de manière proportionnée aux avantages tirés de manquements constatés dans la limite de 30 % du chiffre d'affaires moyen annuel calculé sur les trois derniers chiffres d'affaires annuels connus à la date du constat des manquements. Or, s'il s'agit bel et bien d'une amende, cette somme d'argent versée au Trésor public n'en est pas pour autant une peine dès lors qu'aucune déclaration de culpabilité n'est nécessaire à son prononcé. De fait, si l'amende d'intérêt public est une amende proportionnelle, elle n'est pas une peine d'amende

1 Cornu, G. (2022). Vocabulaire juridique. op. cit.

2 Donnedieu de Vabres, H. (1947). Traité de droit criminel et de législation pénale comparée. op. cit.

3 Loi n° 2016-1691 du 9 décembre 2016 relative à la transparence, à la lutte contre la corruption et à la modernisation de la vie économique.

4 Vergès, E. (2017). Procédure pénale. *RSC,* n°3, p.579-586.

5 Loi n° 2020-1672 du 24 décembre 2020 relative au Parquet européen, à la justice environnementale et à la justice pénale spécialisée.

proportionnelle, ce qui l'exclut, de facto, du champ de cette étude.

10. Peine d'amende proportionnelle. « Amende indexée »[1], « amende à taux mobile »[2], « amende profit »[3], « amende indéterminée »[4] ou encore « amende à valeur variable »[5], autant d'expressions pour désigner la peine d'amende proportionnelle, c'est-à-dire la peine d'amende « dont le plafond légal encouru n'est pas fixe [mais] qui, au contraire, varie en fonction d'une assiette »[6]. En effet, parmi les modalités de calcul du montant de l'amende utilisées en droit français, les deux plus courantes sont l'établissement d'un maximum légal chiffré que le juge ne peut dépasser[7] et la mise en œuvre d'un système de proportion entre ce même montant et une assiette préalablement définie, toutes deux liées par l'usage d'un coefficient multiplicateur[8], le législateur usant parfois de la combinaison de ces deux techniques pour fixer la peine inhérente à une infraction[9]. Aussi,

---

1 Barilari, A. (2014). Chron. sous Cons. const., 4 décembre 2013, n°2013-679 DC. Constitutions, n°68.

2 Camous, E. (2019). Evaluer le montant de la peine patrimoniale, prochain défi de la lutte contre les enrichissements illicites. *Droit pénal* n°12.

3 Ducouloux-Fayard, C. (2004). L'amende et son rapport avec le profit illicite. *LPA, n*°54.

4 Speyer, H. (1900). Le droit pénal anglo-indien. *La Revue de l'Université de Bruxelles*, vol. 5, p.501.

5 Ingrain, C., Lorrain, R., Voss, M. (2021). L'amende proportionnelle : état des lieux. *AJ Pénal*, n°2, p.75.

6 Ingrain, C.,Lorrain R., (3 mars 2021). Les dysfonctionnements majeurs de l'amende proportionnelle (propos recueillis par Maud Léna). Dalloz Actualité. https://www.dalloz-actualite.fr/interview/dysfonctionnements-majeurs-de-l-amende-proportionnelle

7 Pradel, J. (2019). *Droit pénal général.* op. cit.

8 Bernardi., A. (1990). L'amende dans une perspective européenne. *Quelques aspects de sciences criminelles, Travaux de l'Institut de sciences criminelles de Poitiers*. Vol. X. p.5-29.

9 C'est ainsi le cas toutes les fois où le texte d'incrimination prévoit une peine d'amende fixe et, à ses côtés, une peine d'amende proportionnelle (art. 433-1 du code pénal ou 1741 du CGI par

la peine d'amende proportionnelle présente pour particularité de ne pas bénéficier d'un plafond fixe mais d'être composée d'une assiette – illustrant la « dimension économique concrète » de l'infraction[1] – et d'un coefficient multiplicateur - témoignant de « l'importance de l'infraction »[2]. Il ressort ainsi de ce mode de fixation de l'amende une diversité[3] indéniable touchant tant les coefficients multiplicateurs que les assiettes, raison pour laquelle il est possible d'exclure toute autre peine d'amende proportionnelle du champ d'étude, à l'exception de celle proportionnelle au produit tiré de l'infraction. Aussi, ne seront pas envisagées ici les peines d'amendes proportionnelles au chiffre d'affaires, à l'avantage retiré du délit ou encore à la valeur des biens objets de l'infraction[4].

11. Conception extra-pénale du produit. Dans une conception civiliste classique, « est un produit tout bien meuble, même s'il est incorporé dans un immeuble, y compris les produits du sol, de l'élevage, de la chasse et de la pêche »[5]. Le produit, *lato sensu*, renvoie à ce qui provient d'une chose alors qu'une conception plus stricte de ce même produit renvoie à une diminution de sa substance sans périodicité[6], ce qui le distinguerait du fruit[7], ce dernier n'altérant pas la substance de la chose dont il est issu. Par ailleurs, du point de vue du droit commercial, le produit renvoie au « résultat de l'opération de l'homme »[8] mettant en œuvre une activité de production ou de

exemple) : Pradel, J. (2019). *Droit pénal général*. op. cit.

1 Bernardi., A. (1990). L'amende dans une perspective européenne. art. cit.

2 Ibid.

3 Bavitot, A. (2019). L'amende à taux mobile. *AJ Pénal*, n°1, p.18.

4 Respectivement les art. L132-2 du code de la consommation, L231-3 du code de l'environnement, 324-3 du code pénal.

5 Art. 1245-2 du code civil.

6 Belloir-Caux, B. (2013). Dictionnaire de droit des biens. Ellipses, coll. Dictionnaires de droit.

7 Carbonnier, J. (2000). Droit civil : monnaie, immeubles, meubles. Les Biens (19 éd.). Thémis. PUF. p.108.

8 Bouloc, B. (2006). Remarques sur l'élément matériel du recel. *Mél. en l'honneur du professeur Reynald Ottenhof.*. Coll. Etudes, mélanges, travaux. Dalloz. p.353.

fabrication et visant tant les choses corporelles et incorporelles, meubles ou immeubles[1], venant ainsi grandement élargir la conception civile traditionnelle limitée aux seuls biens meubles.

12. Conception pénale du produit. Appliquant la définition classique selon laquelle le produit renvoie à tout ce qui peut être retiré d'une chose[2], le produit pénal serait un « bien mal acquis »[3] fourni par une chose, un bien ou encore un service qui serait alors l'objet de l'infraction[4]. A ce titre, il est d'ailleurs à noter que le produit, notion « dont les traits légaux manquent encore par trop de netteté »[5], ne se confond nullement ni avec l'instrument, ni avec l'objet de l'infraction[6] même si tous font partie d'une même trilogie[7]. En outre, certains ont pu considérer que le produit de l'infraction n'est autre que le trouble que celle-ci aurait causé à la société[8] puisqu'il en est la conséquence directe, il en est directement issu. D'autres, au contraire, estiment que la notion de produit induit un résultat autre que la seule existence d'un trouble social ou du préjudice subi par la

---

1 Mainguy, D. (1999). Réflexions sur la notion de produit en droit des affaires. *RTD com*. p.47-61.

2 Malabat, V. (2022). *Droit pénal spécial* (10e éd.). Dalloz, coll. HyperCours.

3 Beaussonie, G. (2020). Le produit de l'infraction et le principe de la personnalité des délits et des peines. *Annales de l'Institut de criminologie et de sciences pénales Roger Merle.* Vol. 1. p.133-143.

4 Segonds, M. (2020). A la recherche d'une définition du produit de l'infraction (selon la loi pénale). *Annales de l'Institut de criminologie et de sciences pénales Roger Merle.* Vol. 1. p.115-131.

5 Ibid.

6 La distinction entre produit, instrument et objet de l'infraction, simplement mentionnée ici, est étudiée plus en avant au sein du second chapitre de la première partie dans un soucis de clarté. V. supra n°66-67.

7 Segonds, M. (2020). A la recherche d'une définition du produit de l'infraction (selon la loi pénale). art. cit.

8 Beaussonie, G. (2020). Le produit de l'infraction et le principe de la personnalité des délits et des peines. art. cit.

victime de l'infraction[1], tels que de l'argent, un immeuble ou encore une voiture par exemple. A ce titre, il est ainsi possible de distinguer le produit direct du produit indirect de l'infraction.

13. Produit direct et produit indirect. Est direct le produit qui est immédiatement issu de l'infraction[2] alors qu'est indirect le produit concernant toutes formes d'enrichissement en lien avec la commission de l'infraction[3] et issues du produit direct[4]. C'est donc de l'intensité du lien existant entre l'infraction et son produit que dépend la qualification de produit direct ou indirect tiré de l'infraction. Ainsi, en guise d'illustration, le produit direct de l'infraction de trafic de stupéfiants serait les sommes d'argent qui en découlent et le produit indirect l'immeuble acheté avec ce même argent. Toutefois, il est à noter que cette distinction se révèle purement pédagogique puisqu'elle n'entraîne aucune différence de régime concrète : les produits direct et indirect répondent tous deux aux mêmes règles de fond et de forme.

14. Produit tiré de l'infraction. De manière tautologique, la notion de produit tiré de l'infraction implique que le produit soit issu de la commission d'une infraction. Cette dernière étant l'« action ou omission violant une norme de conduite strictement définie par un texte d'incrimination entraînant la responsabilité pénale de son auteur »[5], l'expression qualificative du produit dont il est ici question explicite son caractère illégitime puisqu'il « possède une origine illicite, de surcroît infractionnelle »[6]. En l'absence de toute autre précision,

---

1 Ibid.

2 Mihman, A. (2014). La confiscation des profits illicites. *Gaz. Pal.*, n°133, p.9-11.

3 Camous, E. (2011). Art. 131-21 et 131-21-1. *J. Cl. Pénal*, fasc. n°20.

4 Detraz, S., Salomon, R. (2021). *Précis de droit pénal fiscal*. LexisNexis,

5 Guinchard, S., Debard, T., et autres (2021). Lexique des termes juridiques. op. cit.

6 Segonds, M. (2020). A la recherche d'une définition du produit de l'infraction (selon la loi pénale). art. cit

l'infraction peut désigner tant un crime, qu'un délit ou encore une contravention[1]. En outre, loin d'être une précision superflue, l'usage du participe passé « tiré » prend toute son importance dans le cadre de l'étude de la peine d'amende proportionnelle au produit tiré de l'infraction puisque ce terme renvoie au fait d'extraire quelque chose d'une première chose[2] qui en serait alors la source. De fait, le produit de l'infraction dont il est ici question pour déterminer la peine d'amende ne saurait être celui qui est seulement envisagé, voire espéré, par l'auteur puisqu'il doit être effectif[3] et concret. En tout état de cause, la conception pénale du produit suppose que celui-ci ne puisse exister dans l'infraction dont il résulte, qu'il lui survive et qu'il ne possède donc aucune légitimité[4].

15. Peine d'amende proportionnelle au produit tiré de l'infraction. De fait, et de manière synthétique, la peine d'amende proportionnelle au produit tiré de l'infraction renvoie à la peine d'amende, c'est-à-dire la somme d'argent versée au Trésor public, dont le montant est indexé sur la valeur du bien découlant de la commission d'une infraction.

16. Peine d'amende proportionnelle à travers le temps. « Prix naturel de l'offense »[5], la peine d'amende a, depuis longtemps, vu ses modalités de calcul adaptées afin de garantir son aspect répressif. En effet, la technique de l'amende proportionnelle n'est pas une innovation du monde moderne puisqu'elle était d'ores et déjà utilisée au sein des Douze Tables romaines[6] et a, par la suite, été reprise dans de nombreuses législations. Par exemple, elle apparaît dans une loi de 1518

1 Pin, X. (2022). *Droit pénal général* (14e éd.). Dalloz, coll. Cours.
2 Larousse. Tirer, être tiré, se tirer. In *Dictionnaire en ligne.* Consulté le 28 mai 2023. https://www.larousse.fr/dictionnaires/francais/tirer/78185.
3 Jeandidier, W. (2019). Corruption et trafic d'influence. *Rép. Pén.,* n°79. Dalloz.
4 Beaussonie, G. (2020). Le produit de l'infraction et le principe de la personnalité des délits et des peines. art. cit.
5 Merle, R. & Vitu A. (1967). Traité de droit criminel. op. cit.
6 Montesquieu (1748). *De l'esprit des lois*. Livre XXIX, chap. 13.

sanctionnant la dégradation des forêts d'une peine d'amende proportionnelle à la circonférence des bois coupés[1]. Elle est également présente à de nombreuses reprises au sein du Code pénal napoléonien de 1810 dès lors que le montant de certaines amendes dépendai de la « valeur représentative du préjudice »[2]. De nos jours, un regain du législateur pour cette peine semble se manifester[3], notamment au sein d'une délinquance largement dictée par une logique de profit : la délinquance en col blanc.

17. Délinquance en col blanc. Sous-catégorie particulière de la délinquance et terrain de jeu favori de la peine d'amende proportionnelle au produit tiré de l'infraction, la délinquance en col blanc renvoie à « un crime ou un délit commis, au cours de ses activités courantes, par un individu bénéficiant d'une respectabilité et d'une position sociale élevées concernant aussi bien les commerciaux que les politiques »[4]. Également désignée sous l'appellation de délinquance économique et financière[5], celle-ci concerne principalement la délinquance lucrative et renvoie donc aux infractions commises dans le but d'enrichir leur auteur, ce dernier étant animé d'un esprit de lucre[6], de recherche du profit principalement économique et, bien souvent, matériel. Ainsi, relèvent notamment de cette délinquance particulière les atteintes à la probité, les fraudes ainsi que les différentes infractions boursières.

---

1 Fromageau, J., Gardou, C. (1980). La forêt, l'arbre, le bois. *Cahiers de l'université Paris-Sud XI.* Centres d'Orsay et des Sceaux, n°2. p.28.

2 Ortolan, J. (1863). *Elements de droit pénal : pénalité, juridictions, procédure* (3e éd.). T. I.

3 Ingrain, C., Lorrain, R., Voss, M. (2021). L'amende proportionnelle : état des lieux. art. cit.

4 Sutherland, E. (1937). *The professional Thief.*

5 Lascoumes, P., Nagels, C. (2014).Les victimes de la criminalité en col blanc. *Sociologie des élites délinquantes: De la criminalité en col blanc à la corruption politique.* Armand Colin.p.207-218.

6 Lagoutte, J. (2018). La répression du profit illicite. *Les colloques de l'ISCJ*, 3, p.55-78.

Évoquée pour la première fois au XVIe siècle par Thomas Moore[1], il a toutefois fallu attendre le XXe siècle pour que son existence soit réellement mise en lumière sous l'influence d'Edwin Sutherland, criminologue américain. Depuis lors, la prise en compte de la délinquance économique et financière n'a cessé de s'accentuer tant en droit interne qu'au niveau international en associant « mécanismes pénaux et extra-pénaux »[2]. A titre d'exemple, n'ont cessé de se développer les conventions internationales en matière de lutte contre la corruption dont l'une des plus importantes est la convention de l'OCDE de 1997 relative à la lutte contre la corruption d'agents publics[3]. Le droit national, quant à lui, n'est pas en reste puisque de nombreuses initiatives internes ont conduit à la création d'organismes et d'agences destinées à lutter contre la fraude ou la corruption telle que l'AFA[4] par exemple.

Enfin, preuve de l'importance prise par la délinquance en col blanc au fil du temps, elle a su s'immiscer au sein des foyers et dans la vie des justiciables, en témoignent les nombreux scandales politico-financiers[5] et œuvres artistiques[6] s'intéressant à cette thématique. Aussi n'est-il pas étonnant que le législateur ait eu à cœur de se saisir de cette problématique.

---

1 Moore, T. (1515). *Utopie.*

2 Beaussonie, G., Véron, M. (2022). *Droit pénal des affaires* (13e éd.). Dalloz, coll. Cours.

3 OCDE (1997). Convention sur la lutte contre la corruption d'agents publics étrangers dans les transactions commerciales internationales.

4 Créée par la loi n° 2016-1691 du 9 décembre 2016 relative à la transparence, à la lutte contre la corruption et à la modernisation de la vie économique.

5 V. l'Affaire des décorations de 1887 ou encore, et plus récemment, l'Affaire Cahuzac dont l'importance est telle qu'elle a notamment conduit à la création de la HATVP, pour ne citer qu'elles.

6 V., à titre d'exemple, Zola, E. (1871). *La Curée* – Dumas, A. (1850). *Le Vicomte de Bragelonne* – Scorsese, M. (Réalisateur). (2013). *Le loup de Wall Street*. Appian Way.

18. Prise en compte croissante de la dimension lucrative des infractions. Initialement indifférent au mobile[1] animant l'auteur et donc à la prise en compte du produit tiré de l'infraction[2], le législateur s'est peu à peu intéressé à celui-ci afin d'adapter la répression des infractions impliquant la recherche d'un profit, d'un gain à la valeur de celui-ci[3]. En effet, en intégrant au sein du système judiciaire français dès la seconde moitié du XXe siècle[4], la peine d'amende proportionnelle, il ne fait nul doute que le législateur ait entendu adapter la peine pécuniaire[5] d'amende à l'appât du gain dont fait preuve l'agent coupable. En effet, même si l'animus cupidi[6] n'est érigé ni en dol général, ni en dol spécial[7], il est tout de même pris en compte lors de la fixation de la peine encourue et non pas au moment de la qualification de l'infraction. Tenant ainsi compte et valorisant[8] la réalité économique des infractions[9] liées à la criminalité en col blanc, l'amende proportionnelle au produit tiré de l'infraction permet de s'intéresser aux résultats engendrés par la commission de l'infraction et ainsi d'adapter la peine afin de lui garantir un aspect tant répressif que dissuasif.

L'aspect croissant de la prise en compte de la dimension lucrative des actes des individus est tel qu'elle ne se limite pas uniquement au champ pénal mais, bien au contraire, se diffuse

1 Merle, R. & Vitu A. (1967). *Traité de droit criminel.* op. cit.
2 Segonds, M. (2020). A la recherche d'une définition du produit de l'infraction (selon la loi pénale). Art. cit.
3 Segonds, M. (2020). A la recherche d'une définition du produit de l'infraction (selon la loi pénale). Art. cit.
4 Certains faisant remonter l'intégration de ce mécanisme aux années 1970 : Royer, G. (2009). *L'efficience en droit pénal économique : étude de droit positif à la lumière de l'analyse économique du droit.* op. cit.
5 Beaussonie, G., Véron, M. (2022). *Droit pénal des affaires.* op. cit.
6 Litt. Esprit de convoitise, avide, cupide.
7 Lagoutte, J. (2018). La répression du profit illicite. art. cit.
8 Pradel, J. (2019). *Droit pénal général.* op. cit.
9 Camous, E. (2019). Évaluer le montant de la peine patrimoniale, prochain défi de la lutte contre les enrichissements illicites. art. cit.

dans d'autres branches du droit. En effet, et à titre d'exemple, tant le droit civil que le droit commercial semblent se diriger vers une étude de plus en plus importante de l'aspect lucratif de certaines fautes[1] ainsi que des conséquences qui en découlent. En outre, il est possible de remarquer que ce phénomène n'est pas propre au droit français puisque de nombreux systèmes juridiques prennent d'ores et déjà en considération l'esprit de lucre animant l'auteur d'une infraction dans la sanction qu'ils lui attachent. C'est ainsi qu'existe, dans le domaine du droit de l'environnement canadien, une amende additionnelle, qui n'est pas une peine, mais qui vise à « couvr[ir] les bénéfices ou les avantages obtenus en raison de la commission de l'infraction »[2].

19. Infractions punies d'une peine d'amende proportionnelle au produit tiré de l'infraction. La concussion, la corruption, le trafic d'influence d'agent public, la prise illégale d'intérêt et le pantouflage, infractions à la liberté et à l'égalité des candidats aux marchés publics, soustraction et détournement de biens par un agent public, corruption et trafic d'influence de gens de justice, corruption et trafic d'influence d'agent public européen ou international, corruption et trafic d'influence de gens de justice internationale, corruption d'agent privé et de paris sportifs et, enfin, la fraude fiscale[3] sont autant d'infractions pour lesquelles la peine d'amende proportionnelle au produit tiré de l'infraction est prévue. Or, toutes ces infractions sont la preuve de la dimension lucrative de cette peine particulière tant elles se rattachent à la branche particulière du droit pénal des affaires, ce dernier étant alors considéré par certains comme un droit de synthèse concentrant à la fois des infractions issues du droit commun, du droit pénal

---

1 A titre d'exemple, v. Fournier de Crouy, N. (2018). *La faute lucrative.* Economica, coll. Recherches juridiques.

2 Halley, P. (2022). Les peines créatives en droit de l'environnement canadien. In Fayre, A.-C. et autres (2022). *Droit pénal de l'environnement. Quelle consécration ?* Helbing Lichtenhahn, p.691-719.

3 Respectivement les articles 432-10 ; 432-11, 433-1 et 433-2 ; 432-12 et 432-13 ; 432-14 ; 432-15 ; 434-9, 434-9-1 ; 435-1 à 435-4 ; 435-7 à 435-10 ; 445-1 à 445-2-1 du code pénal et 1741 du CGI.

économique et du droit pénal commercial[1], voire du droit pénal de l'environnement[2] ou encore celui de l'urbanisme[3].

20. Absence de régime clair. Malgré son introduction au sein du droit pénal français, le législateur n'a jamais pris le soin d'établir les règles relatives à l'utilisation de la peine d'amende proportionnelle au produit tiré de l'infraction, à son harmonisation avec les autres mécanismes présents au sein du droit français ou encore à ses éléments de définition. En outre, si l'ensemble des peines d'amendes proportionnelles au produit tiré de l'infraction sont assorties d'un coefficient multiplicateur égal à deux, les travaux parlementaires, tout comme les circulaires, restent muets quant à la raison de ce choix. Tout cela participe sans aucun doute à créer un climat d'insécurité juridique peu respectueux du principe de légalité puisque, selon ce dernier, l'individu doit pouvoir savoir ce qu'il encourt en se rendant coupable d'une infraction avant de la commettre. Or, en l'absence d'un régime clair et d'une réflexion d'ensemble sur cette peine[4] pourtant grandement attentatoire[5] aux individus, ce principe pourtant cardinal se trouve mis à mal, laissant émerger un doute quant à la pertinence de maintenir un tel mécanisme au sein du système juridique français.

21. Problématique. Ainsi, la peine d'amende proportionnelle au produit tiré de l'infraction, telle que prévue actuellement par les textes, doit-elle être maintenue au sein du droit pénal français ?

---

1 Lepage, A., Maistre du Chambon, P., Salomon, R. (2020). *Droit pénal des affaires* (6e éd.). LexisNexis.

2 Guihal, D. (2008). *Droit répressif de l'environnement* (3e éd.). Economica.

3 Léost, V. R. (2001). *Droit pénal de l'urbanisme*. Le Moniteur.

4 Ingrain, C., Lorrain, R., Voss, M. (2021). L'amende proportionnelle : enjeux. *AJ Pénal*, n°*2*, p.79.

5 Ingrain, C. & Lorrain R. (3 mars 2021). Les dysfonctionnements majeurs de l'amende proportionnelle (Propos recueillis par Maud Léna). Art. cit

22. Idée générale. La peine d'amende proportionnelle au produit tiré de l'infraction est sans nul doute une peine d'apparence prometteuse puisqu'elle semble particulièrement adaptée à la délinquance lucrative qu'elle a vocation à réprimer. Mais, rapidement, les masques tombent et dévoilent un mécanisme imparfait, dont l'efficacité répressive et dissuasive laisse à désirer et difficilement manipulable pour l'ensemble des acteurs inhérents à la mise en œuvre du droit pénal, raison pour laquelle elle ne peut être maintenue en l'état. En effet, bâtie sur une assise fort peu solide, puisque la notion de produit tiré de l'infraction est étrangère à toute définition de la part du législateur, cette modalité particulière de fixation du montant de l'amende est l'illustration d'un mécanisme inachevé dont les conséquences n'ont pas été suffisamment anticipées par l'autorité législative dès lors qu'elle se révèle tout à la fois inadaptée et inefficace au sein du système juridique français. Une réforme d'ampleur est donc nécessaire pour conserver, et étendre à d'autres infractions, la peine d'amende proportionnelle au produit tiré de l'infraction, faute de quoi elle devrait être supprimée afin d'enrayer toutes les difficultés liées à sa présence au sein de l'arsenal législatif français.

23. Annonce de plan. De fait, il apparaît que l'actuelle peine d'amende proportionnelle au produit tiré de l'infraction ne peut demeurer telle quelle au sein du droit pénal français en raison tant de la désillusion qu'elle engendre (PREMIÈRE PARTIE) que des dysfonctionnements qu'elle présente (SECONDE PARTIE).

PREMIÈRE PARTIE : La désillusion générée par la peine d'amende proportionnelle au produit tiré de l'infraction

24. De l'ambition à la réalité. N'étant pas une innovation du droit français, il eût été possible de penser que l'introduction de la peine d'amende proportionnelle au produit tiré de l'infraction au sein du système juridique interne résultait d'une savante étude de celle-ci qui aurait légitimé le recours à un tel mécanisme. Or, il apparaît rapidement que l'utilisation de ce dernier n'est justifiée qu'en apparence (Chapitre premier), d'autant que la notion centrale de ce mécanisme, à savoir le produit tiré de l'infraction, fait l'objet d'un flou juridique (Chapitre second).

Chapitre premier – Le recours en apparence justifié à la peine d'amende proportionnelle au produit tiré de l'infraction

25. Justification limitée du recours à la peine d'amende proportionnelle au produit tiré de l'infraction. Un rapide coup d'œil jeté à la peine d'amende proportionnelle au produit tiré de l'infraction permet de rendre compte de sa capacité à dissuader les potentiels auteurs d'infraction et réprimer ceux qui ont déjà transgressé la loi pénale tant elle peut conduire au prononcé de montants élevés à la charge du condamné. Aussi, si de prime abord l'usage de cette peine semble légitimé parce qu'elle remplirait les fonctions classiques de la peine (Section première), une étude plus approfondie de l'utilité économique de cette peine a pour effet de remettre en cause une telle justification (Section seconde).

Section première – L'utilisation de la peine d'amende proportionnelle au produit tiré de l'infraction théoriquement justifiée par les fonctions classiques de la peine

26. Une peine dissuasive et répressive. Selon l'article 130-1 du Code pénal[1], les fonctions classiques de la peine sont tant la rétribution et la prévention que la resocialisation de l'individu[2] : mêlant ainsi tout à la fois les fonctions juridique et sociale de la peine[3], cette dernière permettrait alors de protéger la société tout en réinsérant et rééduquant le condamné[4]. Toutefois, si d'un point de vue philosophique la peine avait initialement pour objectif l'amendement de la personne[5], seules les fonctions juridiques intéressent la peine d'amende[6]. Ainsi, et mettant de côté le discours psychopédagogique[7], il ne fait aucun doute que le législateur français cherche à conférer un aspect tant dissuasif (§1) que répressif (§2) à la peine d'amende proportionnelle au

1 Art 130-1 du code pénal : « afin d'assurer la protection de la société, de prévenir la commission de nouvelles infractions et de restaurer l'équilibre social, dans le respect des intérêts de la victime, la peine a pour fonctions : 1° De sanctionner l'auteur de l'infraction ; 2° De favoriser son amendement, son insertion ou sa réinsertion ».

2 Pradel, J. (2019). Du principe de proportionnalité en droit pénal. Les Cahiers de droit, 60(4), p.1129–1149.

3 Expressions tirées de Bonis-Garçon, É., Peltier, V. (2019). *Droit de la peine*. op. cit.

4 La protection de la société renvoyant alors à la fonction négative de la peine alors que la rééducation de l'individu renverrait à la fonction positive de la peine : Giacopelli, M., & Ponseille, A. (2019). Droit de la peine. LGDJ.

5 V. à titre d'exemple la position de Platon sur la question, ce dernier envisageant la législation pénale comme cure de l'âme injuste : Platon (éd. 2016). *La République*. Coll. GF, Flammarion.

6 Dreyer, E. (2021). *Droit pénal général*. op. cit.

7 Ce dernier se penchant sur la fonction de resocialisation de l'individu : Gros, F. (2001). Présentation.art. cit.

produit tiré de l'infraction lorsqu'il prend le soin d'assortir une infraction de cette peine.

§1 : Une peine d'amende proportionnelle au produit tiré de l'infraction particulièrement dissuasive

27. La fonction dissuasive de la peine d'amende. S'il n'est guère possible de condamner les délinquants à demeurer pour l'éternité dans une mare de poix bouillante sous peine d'être frappés par un démon ailé[1], cette sanction s'accommodant fort mal des exigences modernes de proportionnalité et de respect des droits fondamentaux inhérentes au prononcé de cette dernière, la peine encourue par les auteurs d'infractions se doit toutefois d'être suffisamment sévère pour être dissuasive[2]. Aussi, conformément à la fonction utilitaire de la peine prônée par certains[3], la peine d'amende n'est utile – et donc justifiée – que si elle permet de dissuader l'individu – ou le délinquant en cas de récidive – de commettre un acte contraire à la loi pénale[4].

28. Prévention générale et prévention spéciale. Érigé en véritable finalité de la peine par le législateur[5], ce dessein de prévention de la commission d'une infraction s'adresse tant à la population dans son ensemble – ce qui renvoie à la prévention

---

1 Dans les chants XXI à XXIII de l'Enfer de Dante Alighieri, sanction réservée aux escrocs ayant utilisé leur charge publique afin de récupérer, pour leur compte, des profits illicites. Alighieri, D. (1472). *La Divine Comédie.*

2 Van de Kerchove, M. (2005). Les fonctions de la sanction pénale: Entre droit et philosophie. *Informations sociales*, 127, 22-31.

3 Bentham, J. (1802). *Traité de législation civile et pénale* (éd.2010). Dalloz, Bibliothèque Dalloz.

4 Giacopelli, M., & Ponseille, A. (2019). Droit de la peine. op. cit.

5 L'article 130-1 du code pénal dispose en ce sens qu'« afin de prévenir la commission de nouvelles infractions [...] la peine a pour fonctions : 1° De sanctionner l'auteur de l'infraction ; 2° De favoriser son amendement, son insertion ou sa réinsertion ».

générale[1] – qu'au délinquant lui-même afin qu'il ne réitère pas les actes délictueux – renvoyant cette fois-ci à la prévention spéciale[2].

29. Le délinquant : un homo œconomicus ? Si la plupart des individus sont présentés comme possédant une aversion au risque[3], cette dernière disparaîtrait lorsque « les avantages liés à la commission d'une infraction dépassent ses coûts »[4]. Ainsi, en ce qu'il opère un calcul relevant d'une arithmétique pénale[5], le délinquant serait un homo œconomicus, c'est-à-dire un délinquant rationnel[6] – mettant en œuvre un bilan coût-avantage – qui ne passe à l'acte que lorsqu'il est assuré de retirer un bénéfice plus grand que la perte qu'il risque en commettant l'infraction[7]. A titre d'exemple, le délinquant en col blanc serait le prototype même de l'homo œconomicus[8] puisque, guidé par un esprit de lucre[9], il ne remettrait en cause sa situation que dans l'espoir d'un gain financier supérieur à celui qui serait le

---

1 La prévention générale est toutefois décriée par certains auteurs. V. en ce sens : Acollas, E. (2014). *Les Delits Et Les Peines*. Hachette Livre – BNF.

2 Bonis-Garçon, É., Peltier, V. (2019). *Droit de la peine*. op. cit.

3 Langlais, É. (2010). Les criminels aiment-ils le risque ?. *Revue économique*, 61, p.263-280.

4 Cusson, M. (2006). L'effet intimidant des sanctions pénales à la lumière des recherches récentes sur le calcul coûts-bénéfices des délinquants. *Le droit pénal à l'aube du troisième millénaire, Mél. offert à Jean Pradel*, LGDJ, p. 741-752.

5 Expression empruntée à Gilardeau, E. (2011). *A l'aube du droit pénal utilitaire*. L'Harmattan, p. 9.

6 Vessio, F. (2021). L'influence de l'analyse économique du droit sur la lutte contre la corruption internationale : incitation de *l'homo economicus* à la négociation et « efficience » de la politique pénale. *RSC*, n°2, p. 263-274.

7 « Pour empêcher le délit, il faut que le motif qui réprime soit plus fort que le motif qui séduit. La peine doit faire craindre plus que le crime ne se fait désirer » : Bentham, J. (1802). *Traité de législation civile et pénale.* op.cit.

8 Larouche, P., Mackaay, E., Parent, A. & Rousseau, S. (2021). *Analyse économique du droit* (3e éd.). Dalloz, coll. Méthodes du droit.

sien s'il demeurait dans sa situation licite[1]. Aussi, il s'avère nécessaire de mettre en place des mécanismes répressifs intimidants[2] afin de dissuader le délinquant de passer à l'acte dès lors que « la bonne sanction est celle que l'on n'applique puisqu'elle inspire une crainte salutaire »[3].

30. Peine d'amende proportionnelle au produit tiré de l'infraction : un mécanisme dissuasif. Afin de répondre à l'exigence de dissuasion inhérente à toute peine, il est nécessaire de garantir au délinquant – agissant en homo œconomicus - qu'il ne retirera rien de son délit. Or, c'est exactement ce à quoi prétend la peine d'amende proportionnelle au produit tiré de l'infraction puisque le montant maximum de celle-ci est indexé sur l'enrichissement dont profite l'individu suite à la commission d'une infraction[4] – à l'inverse de la peine d'amende dite classique dont le montant maximal est chiffré. Ce faisant, cette peine se révèle particulièrement adaptée à l'animus cupidi motivant certains agents puisqu'elle permet de soustraire, a minima, le gain résultant de la commission de l'infraction et d'atteindre leur patrimoine[5] en les condamnant à payer une somme d'argent supérieure à ce même gain. En prenant ainsi en compte les bénéfices liés à l'infraction dans la

---

9 Véron, M. (2016). Droit pénal des affaires (11e éd.). Dalloz, coll. Cours série Droit privé.

1 Les délinquants économiques et financiers sont ainsi présentés comme étant « risk averse » : Kopp, P. (2001). Rapport sur la criminalité d'affaires : analyse économique de l'efficacité des sanctions pénales, Mission de recherche droit et justice.

2 Bebin, X. (2006). *Pourquoi punir ? L'approche utilitariste de la sanction pénale*. L'Harmattan.

3 Le Cannu, P. (2009). Rapport de synthèse. In Saintourens, B. (2009). *Dépénalisation, régulation et renouvellement des sanctions en droit comparé des affaires actes du colloque organisé le 3 octobre 2008.* Colloques & débats, n°24. Litec.

4 Royer, G. & Stasiak F. (2009). Pour une efficacité optimale de l'amende pénale : les apports de l'analyse économique du droit à la réforme du Code pénal. art. cit.

5 Lernell, L. (1979). Certains aspects philosophiques et sociologiques du problème des peines pécuniaires. art. cit.

fixation de la peine[1], la peine d'amende proportionnelle au produit tiré de l'infraction apparaît, de fait, d'autant plus efficace[2] qu'elle est amplement dissuasive[3] puisque le calcul coût-avantage opéré par l'agent penche nécessairement vers le respect de la loi – le montant de l'amende étant supérieur au produit tiré de l'infraction, l'individu a alors plus à craindre qu'à gagner lors de la commission de l'infraction. De fait, la peine d'amende proportionnelle au produit tiré de l'infraction répond tant à l'objectif de prévention générale – en décourageant les potentiels primo-délinquants attirés par l'appât du gain – qu'à l'objectif de prévention spéciale[4] – voyant que l'infraction ne lui rapporte pas, l'agent n'est alors pas tenté de réitérer.

Il pourrait être avancé que ce n'est pas tant la sévérité de la sanction qui est dissuasive mais son caractère certain[5] puisqu'une peine élevée ne suffirait pas, à elle seule, à empêcher le délinquant de passer à l'acte[6]. Or, une telle vision serait sans nul doute restrictive dans la mesure où sévérité et certitude de la peine œuvrent de concert[7] pour assurer le caractère dissuasif de la peine d'amende proportionnelle au

1 Simon, J. (2002). Quelques réflexions sur la sanction en droit des affaires. *Mél. En l'honneur de P. Bézard*, coll. Les Mélanges, LGDJ. p.151.

2 Perrot, A. (26 – 28 janvier 2003). L'efficacité des sanctions pécuniaires. *Gaz. Pal,* p.123 et s.

3 Fournier de Crouy, N. (2018). *La faute lucrative*. op. cit.

4 Lagoutte, J. (2018). La répression du profit illicite. art. cit.

5 « La certitude d'un châtiment, bien que modéré, fera toujours une plus forte impression que la crainte d'un châtiment plus terrible, jointe à l'espérance de l'impunité » : Beccaria, C.(1764). *Des délits et des peines*.

6 Dintilhac, J.-P. (2004). Quelle politique criminelle ?. In Ducouloux-Favard, C., Lopez, C., & Nadine, H. (2004). La criminalité d'argent : quelle répression ? Actes du colloque tenu à la première Chambre de la Cour d'appel de Paris le 14 novembre 2003 (Collection Grands colloques). Montchrestien. p. 246

7 Cusson, M. (2006). L'effet intimidant des sanctions pénales à la lumière des recherches récentes sur le calcul côuts-bénéfices des délinquants. art. cit.

produit tiré de l'infraction. Aussi, lorsque le taux de poursuites est faible, il est nécessaire de fixer une peine d'amende élevée, raison pour laquelle le choix du coefficient multiplicateur s'avère essentiel.

31. Importance du choix du coefficient multiplicateur. Seul levier d'action accessible au législateur – ce dernier ne pouvant guère agir sur le produit tiré de l'infraction –, le coefficient multiplicateur de l'amende proportionnelle au produit tiré de l'infraction joue un rôle fondamental dans l'intensité du caractère dissuasif arboré par cette peine puisqu'il permet d'augmenter sensiblement le montant de l'amende encourue. A titre d'exemple, parmi l'ensemble des coefficients multiplicateurs que connaît le droit français – et sans se limiter aux coefficients applicables à la peine d'amende proportionnelle au produit tiré de l'infraction –, il est possible de citer la moitié[1], le double[2] ou encore le décuple[3]. Si ce facteur ne peut décemment pas être négatif[4], le législateur demeure pour autant relativement libre dans la fixation de celui-ci d'autant qu'il ne peut être le même pour toutes les infractions punies d'une peine d'amende proportionnelle[5]. En effet, ce dernier produisant « un effet dissuasif » indéniable[6], il doit être inversement proportionnel au pourcentage de détection de l'infraction[7] à laquelle il a vocation à être associé : plus le taux de détection est faible, plus le coefficient multiplicateur doit être élevé[8]. De fait, cela implique de connaître avec précision le taux de détection de chaque infraction, ce qui s'avère en

1 Art. 321-3 du code pénal.
2 Art. 433-1 du code pénal.
3 Article L465-1 du CMF.
4 Puisque cela conduirait au prononcé d'une amende négative, ce qui est par principe impossible.
5 Royer, G. (2009). *L'efficience en droit pénal économique*. op. cit.
6 Ibid.
7 Combe, E., & Canivet, G. (2020). Économie et politique de la concurrence (2e éd.). Coll. Précis, Dalloz.
8 Breit, W., Elzinga, K.-G. (1977). The antitrust Penalties : a study. *Law and Economics,* Yale University Press.

pratique délicat[1] en raison du chiffre noir[2] inhérent à toute criminalité. Aussi, c'est au législateur, accompagné de criminologues[3], que revient la lourde tâche d'établir un coefficient qui ne soit ni trop faible – faute de quoi la peine d'amende proportionnelle au produit tiré de l'infraction perdrait son caractère dissuasif –, ni trop élevé – cette dernière pouvant alors se révéler disproportionnée. Il est toutefois à noter qu'en l'état actuel du droit, toutes les peines d'amendes proportionnelles au produit tiré de l'infraction se voient appliquer un coefficient multiplicateur égal à deux. En tout état de cause, il faudrait idéalement que ce coefficient soit toujours supérieur à un pour que l'ensemble de ce que le délinquant a pu retirer de l'infraction lui soit retiré.

32. Transition. Ainsi, la peine d'amende proportionnelle au produit tiré de l'infraction semble embrasser pleinement la fonction dissuasive qu'elle a vocation à remplir puisque son quantum est fixé, par l'action d'un coefficient multiplicateur adapté à la criminalité à laquelle elle s'applique, en lien avec le bénéfice généré par l'infraction, assurant à l'agent de ne pouvoir retirer un avantage plus grand que ce que ne lui coûte finalement l'infraction. Or, se comportant en homo œconomicus, celui-ci est alors découragé de commettre l'infraction et, s'il décide toutefois de passer à l'acte, il se voit confronté à l'aspect rétributif de cette même peine.

---

1 F. Stasiak et G. Royer, Pour une efficacité optimale de l'amende pénale. Les apports de l'analyse économique du droit à la réforme du Code pénal. art. cit.

2 Expression utilisée par Merle et Vitu pour désigner la différence entre la criminalité apparente et la criminalité réelle : Merle, R. & Vitu A. (1967). Traité de droit criminel. op. cit.

3 Royer, G. (2009). *L'efficience en droit pénal économique*. op. cit.

§2 : Le caractère répressif indéniable de la peine d'amende proportionnelle au produit tiré de l'infraction

33. La fonction rétributive de la peine. Fonction première de la peine[1], cette dernière vise à punir l'auteur d'une infraction en lui infligeant « un mal de passion [à raison] d'un mal d'action »[2] dès lors que toute peine a vocation à être à la fois afflictive, car elle fait souffrir le condamné, et infamante, puisqu'elle expose le délinquant à la réprobation sociale[3]. Pour ne pas être jugées disproportionnées et donc inconstitutionnelles[4], il est nécessaire que les peines encourues soient en lien avec le préjudice engendré et supporté par la société en raison de la commission d'une infraction[5]. Elles doivent cependant être suffisamment importantes pour être ressenties par le condamné comme une réelle souffrance et non comme un léger inconfort. Aussi, si l'exigence d'une adéquation parfaite entre le dommage et la peine[6] n'est plus de rigueur, il est toutefois indispensable que la peine soit suffisamment éprouvante pour remplir sa fonction répressive, ce qui semble être le cas de la peine d'amende proportionnelle au produit tiré de l'infraction.

34. La fonction rétributive de la peine d'amende proportionnelle au produit tiré de l'infraction. En effet, au regard de la dimension économique des infractions qu'elle a vocation à réprimer, la peine d'amende proportionnelle au

1 Jeanclos, Y. (2012). *La peine : Miroir de la justice.* op. cit.

2 Grotius, H. (1625). *De hure belli ac pacis (Le droit de la Guerre et de la Paix).*

3 Bonis-Garçon, É., Peltier, V. (2019). *Droit de la peine.* op. cit.

4 Sur le fondement de l'art. 8 de la DDHC posant le principe de nécessité des peines.

5 Machado, M. R. & Pires, A. P. (2010). Intervention politique dans la sentence du droit ? Fondements culturels de la peine minimale. art. cit.

6 Conception de la peine prônée par Aristote dans : Aristote. (1992). *Éthique à Nicomaque.* LGF, coll. Classiques Philo. p.1332.

produit tiré de l'infraction se révèle particulièrement adaptée à leurs auteurs, animés par un esprit de lucre, en atteignant avec force ce qui leur est cher[1], en tout cas suffisamment pour transgresser l'interdit pénal, à savoir leurs richesses. Atteindre le délinquant économique dans son patrimoine proportionnellement à ce qu'il a retiré de l'infraction serait ainsi le meilleur moyen de le punir puisqu'une amende ne serait punitive que si elle se trouve être proportionnelle à la gravité du crime[2]. Or, cette dernière pouvant être appréciée à l'aune du bénéfice réalisé par l'agent lors de la commission de l'infraction[3], l'amende dont le quantum est calculé en fonction produit retiré de l'infraction ne peut être que proportionnelle à la gravité du crime et donc, par conséquent, punitive. Sauf à prévoir une peine fixe extrêmement élevée afin de s'assurer de prononcer une peine supérieure à ce qu'a retiré l'agent de l'infraction[4] – une amende moins élevée n'aurait ni une fonction punitive, ni même dissuasive et serait donc parfaitement inutile -, faire dépendre la répression des infractions des richesses qu'elles ont engendrées semble être la « voie optimale »[5] de la punition puisqu'elle permet une fluctuation du quantum afin de s'adapter pleinement aux faits délictueux[6], et donc, aux

1 « On frappe le délinquant là où ça fait mal : on prive le cupide de ce qu'il aime assez pour violer la loi pénale » : Lagoutte, J. (2018). La répression du profit illicite. art. cit.

2 Tremblay, P., Therriault, G. (1985). La punition commune du crime : la prison et l'amende à Montréal de 1845 à 1913. *Criminologie*, 18(1), 43–76.

3 Perrier, J.-B. (2017). La mise en œuvre des sanctions pénales en droit économique. In Valette-Ercole, V. (2017). *Le droit pénal économique, un droit pénal très spécial ?*. Cujas, coll. Actes et études.

4 Cette proposition risquant fort de faire l'objet d'une censure de la part des Sages de la rue Montpensier au nom de la nécessité et de la proportionnalité des peines.

5 Royer, G. & Stasiak F. (2009). Pour une efficacité optimale de l'amende pénale : les apports de l'analyse économique du droit à la réforme du Code pénal. art. cit.

6 La doctrine parle à ce titre d'incarnation de la peine : Giacopelli, M. (2020). Le produit de l'infraction et le principe d'individualisation. *Annales de l'Institut de criminologie et de*

montants parfois importants générés par la délinquance économique. Il ne fait ainsi aucun doute que la peine d'amende proportionnelle au produit tiré de l'infraction possède une dimension punitive forte en ce qu'elle permet de retirer au délinquant tout ce qu'il a retiré de l'infraction et plus encore puisque le quantum de cette peine est un multiple de ce produit d'origine illicite.

35. Avantage de la peine d'amende proportionnelle au produit tiré de l'infraction sur la peine d'amende classique. Rompre l'égalité des citoyens devant la justice[1] : voilà le principal reproche adressé à la peine d'amende classique puisque, ayant un montant fixe, elle serait plus ou moins répressive en fonction des ressources de l'agent[2]. Or, l'amende proportionnelle au produit tiré de l'infraction, se fondant sur ce dernier pour établir le quantum de cette peine, semble remédier à cette critique puisque les montants pouvant être prononcés sont d'une importance telle que toute personne – même les plus aisées – peut souffrir effectivement de l'atteinte faite à son patrimoine par l'exécution de cette peine. Celle-ci n'a ainsi évidemment pas pour conséquence de corriger les différences de ressources entre les justiciables mais elle a le mérite d'essayer de rétablir un semblant d'égalité des justiciables devant la peine d'amende.

36. Le filet de sauvetage : l'amende à taux fixe. Lorsque l'amende proportionnelle au produit tiré de l'infraction se révèle d'un montant peu élevé – en raison d'un produit qui n'aurait que peu de valeur par exemple –, il est possible pour le juge, usant de son pouvoir discrétionnaire[3], d'opter pour le

---

sciences pénales Roger Merle. Vol. 1. p.145-156.

1 Merle, R. & Vitu A. (1967). Traité de droit criminel. op. cit.

2 « L'amende est légère aux riches et lourde aux pauvres » : Ibid.

3 Commission des lois constitutionnelles, de législation, du suffrage universel, du Règlement et d'administration générale, Anziani A. & Klès Virginie (10 juillet 2013). *Rapport n°738 sur le projet de loi, adopté par l'assemblée nationale après engagement de la procédure accélérée, relatif à la lutte contre la fraude fiscale et la grande délinquance économique et financière et sur le projet de*

prononcé de l'amende fixe accompagnant – quasi systématiquement[1] – la peine d'amende proportionnelle. A ce titre, le délit de corruption active est, par exemple, puni « de dix ans d'emprisonnement et d'une amende de 1 000 000 €, dont le montant peut être porté au double du produit tiré de l'infraction »[2]. L'utilité de prévoir une amende possédant un maximum légal chiffré aux côtés de la peine d'amende proportionnelle est indiscutable puisqu'elle permet de garantir l'aspect répressif de la peine même lorsque l'agent n'aurait pas retiré le bénéfice escompté de la commission de l'infraction. Deux conceptions de la place accordée à l'amende proportionnelle au produit tiré de l'infraction sont alors possibles : soit cette peine est vue comme la peine principale et l'amende fixe n'a vocation à s'appliquer qu'en cas de défaillance de la première, soit la peine ayant la préférence du juge est l'amende fixe et l'amende proportionnelle au produit tiré de l'infraction n'aurait vocation à la remplacer que lorsque son montant est supérieur à celui du maximum légal chiffré de la première[3]. Si cette distinction n'a aucune conséquence en pratique, elle témoigne pourtant de la place accordée à la peine d'amende proportionnelle au produit tiré de l'infraction par le législateur, sans que celui-ci ne soit pourtant venu préciser plus en avant les choses[4], excepté dans le cas particulier de

---

loi organique, adopté par l'assemblée nationale après engagement de la procédure accélérée, relatif au procureur de la république financier. https://www.senat.fr/rap/l12-738/l12-7381.pdf

1 L'article L541-47 du code de la consommation prévoit uniquement une peine d'amende proportionnelle équivalente à « 0,1 % du chiffre d'affaires hors taxes du dernier exercice clos réalisé par l'établissement coupable de l'infraction ».

2 Article 433-1 du code pénal.

3 Ingrain, C., Lorrain, R., Voss, M. (2021). L'amende proportionnelle : état des lieux. art. cit.

4 Il pourrait toutefois être avancé que la conception à retenir est la seconde au regard de la formulation des articles prévoyant la peine d'amende proportionnelle au produit tiré de l'infraction, ces derniers affirmant que les délits en question sont punis d'une amende fixe « dont le montant peut être porté au double du produit tiré de l'infraction », ce qui semble indiquer que la peine

l'aggravation des peines encourues puisque, dans ce cas, il est venu confirmer que l'amende indexée sur le produit tiré de l'infraction n'avait vocation à ne s'appliquer que si la valeur de ce dernier est supérieure à la peine d'amende aggravée[1], preuve de son caractère hautement répressif.

37. Un retour préconisé des peines planchers ? A l'instar de ce qui fait déjà en matière de délit d'initié[2], une partie de la doctrine française[3] préconise l'instauration – ou le retour[4] - d'une peine minimale fixée par les textes dans l'optique d'un renforcement du caractère répressif de la peine. Pour assurer cette fonction de rétribution, le quantum de cette peine plancher – ou peine miroir[5] - doit alors être équivalent à la valeur du produit tiré de l'infraction afin que le délinquant ne conserve rien de ses méfaits. La mise en œuvre d'une telle proposition pourrait pourtant se heurter à de nombreux obstacles dont le premier n'est autre que la constitutionnalité d'une telle mesure, notamment au regard du principe de nécessité des peines. Toutefois, seule l'absence de lien entre la gravité de la transgression ou de l'état d'esprit du délinquant et la peine conduisant au constat de l'inconstitutionnalité de l'amende[6], il n'y a que peu de chance que l'établissement d'une amende minimum égale à la valeur du produit tiré de l'infraction se voit

---

proportionnelle n'a vocation à intervenir que lorsque la peine d'amende fixe se trouve être insuffisante.

1 Art. 432-15 du code pénal : « la peine d'amende est portée à 2 000 000 € ou, s'il excède ce montant, au double du produit de l'infraction, lorsque l'infraction est commise en bande organisée ».

2 « le montant [de l'amende] pouvant être porté jusqu'au décuple du montant de l'avantage retiré du délit, sans que l'amende puisse être inférieure à cet avantage » : Art. L465-1 du CMF

3 Royer, G. (2009). *L'efficience en droit pénal économique*. op. cit.

4 Le montant de l'amende était encadré tant dans son minimum que dans son maximum sous l'empire du code pénal napoléonien : Garraud, P., Garraud, R. (1913). *Traité théorique et pratique du droit pénal français* (3e éd.). Recueil Sirey

5 Royer, G. & Stasiak F. (2009). *Pour une efficacité optimale de l'amende pénale : les apports de l'analyse économique du droit à la réforme du Code pénal*. art. cit.

6 Cons. Const., 30 décembre 1987, n°87-237 DC.

opposer le veto constitutionnel tant redouté dès lors que celle-ci dépend bien de la mentalité de l'individu – la recherche de gain, de profit – et de la gravité de l'acte – se basant sur la valeur du produit résultant de l'infraction. Seconde difficulté, et non des moindres, l'instauration d'une peine plancher viendrait sans nul doute réduire le pouvoir d'appréciation dévolu à la juridiction de jugement[1]. De nouveau, ce risque peut aisément être contourné puisqu'il suffirait d'imposer une motivation spéciale dans tous les cas où le juge souhaite descendre en deçà de ce plancher. De fait, aucun obstacle ne semble véritablement se dresser contre la création de cette peine plancher[2]. Ainsi, adoptant une vision plus englobante, a été suggérée une réforme de l'article 132-20 du Code pénal auquel serait greffé un second alinéa affirmant que « lorsqu'une infraction est punie d'une peine d'amende, la juridiction ne peut prononcer une peine d'amende d'un montant inférieur au profit éventuellement retiré de la commission de l'infraction qu'après avoir spécialement motivé le choix de ce montant »[3], celui-ci s'appliquant tant aux amendes fixes qu'aux amendes proportionnelles au produit tiré de l'infraction. Ce faisant, l'aspect répressif de ces dernières ne ferait plus aucun doute puisque, au minimum, elles délesteraient le condamné du bénéfice qu'il a retiré de l'infraction et, au maximum, elles permettraient d'amputer son patrimoine initial – c'est-à-dire celui qui était le sien avant la commission de l'infraction – d'une somme plus ou moins importante visant uniquement à punir le délinquant et non plus à s'assurer qu'il ne profite pas, in fine, du crime[4].

38. Conclusion de la section. Ainsi, le choix du législateur de recourir à la peine d'amende proportionnelle au produit tiré de l'infraction semble justifié au regard des fonctions juridiques

1 Royer, G. & Stasiak F. (2009). Pour une efficacité optimale de l'amende pénale : les apports de l'analyse économique du droit à la réforme du Code pénal. art. cit.

2 Ibid.

3 Royer, G. (2009). *L'efficience en droit pénal économique.* op. cit.

4 L'amende ayant un réel caractère punitif et non simplement confiscatoire : Bavitot, A. (2019). L'amende à taux mobile. art. cit.

classiques de la peine. En effet, particulièrement adaptée à la délinquance économique, champ d'application privilégié de cette peine, elle est tout à la fois apte à dissuader les agents qui ne sont pas passés à l'acte – ou qui souhaiteraient récidiver – et à réprimer les individus qui ont persisté dans leur intention coupable et ont commis l'infraction dès lors que son montant fluctue en fonction des richesses générées par cette dernière. Or, si l'emploi de cette peine s'explique par son adéquation aux fonctions traditionnelles de la peine, une telle affirmation mérite pourtant d'être nuancée concernant son utilité économique.

Section seconde – L'utilisation de la peine d'amende proportionnelle au produit tiré de l'infraction prétendument justifiée par son utilité économique

39. Influence de l'analyse économique et de la politique. Peine dont les montants encourus peuvent être faramineux[1], l'amende proportionnelle au produit tiré de l'infraction semble présenter un avantage économique certain : être rentable. La recherche de l'efficience de la peine étant l'apanage de l'analyse économique du droit, il n'est guère surprenant que ce courant de pensée ait incité le législateur à utiliser cette peine particulière bien que la réalité de sa mise en œuvre s'éloigne considérablement de ses aspirations théoriques (§1). Toutefois, l'économie et les considérations qui gravitent autour étant autant d'objets de pouvoir[2], le maintien de la peine d'amende

1 A titre d'exemple concernant les amendes douanières, mais la logique est la même en cas d'amende pénale, « quand vous avez des trafics de produits stupéfiants où on a des valeurs de marchandises qui représentent elles-mêmes plusieurs millions d'euros, on peut rapidement arriver à des sommes qui sont considérables. Ce n'est pas rare que nos amendes douanières soient entre 5 et 10 millions d'euros » : Interview de M. Charles Moynot, v. Annexe n°3.

2 Bellon, A. (2011). Qu'est-ce que l'économie ?. *Humanisme*, 291, 32-37.

proportionnelle au produit tiré de l'infraction au sein du droit français semble s'expliquer par l'influence exercée par la politique dans le champ du droit, et plus précisément du droit pénal (§2).

§1 : Une efficience relative de la peine d'amende proportionnelle au produit tiré de l'infraction

40. Émergence et définition de l'analyse économique du droit. L'économie, depuis la publication de l'ouvrage d'envergure d'Adam Smith[1] en 1776, est « la science qui établit les lois des phénomènes sociaux concernant les actes coordonnés des hommes pour produire la richesse, dans la mesure où ces phénomènes ne sont pas modifiés par la poursuite d'autres objectifs »[2]. Ce n'est pourtant que récemment que le droit, et plus récemment encore le droit pénal, s'est emparé de cette matière en la mettant à son service[3], aboutissant à la naissance d'une discipline particulière : l'analyse économique du droit. Né à Chicago dans les années 1960[4], ce courant de pensée propose une étude des règles juridiques en se penchant sur leur efficience[5], c'est-à-dire leur capacité à atteindre leur objectif – de répression, de dissuasion ou de resocialisation de l'auteur – au moindre coût[6]. Présentée comme renvoyant à une logique gestionnaire[7], l'analyse économique du

1 Smith, A. (1776). *Recherches sur la nature et les causes de la richesse des nations.*

2 Ibid.

3 Baron, E. (2018). De Gary Becker à aujourd'hui : aspects historiques de l'analyse économique du droit en matière pénale. In Claverie-Rousset, C. *Analyse économique du droit et matière pénale.* LexiNexis.

4 Sous l'influence de différents auteurs tels que Richard Posner, Ronald Coase ou encore Guido Calabresi.

5 Stasiak, F. (2009). Préface. In Royer, G. (2009). *L'efficience en droit pénal économique.* op. cit.

6 Lagoutte, J. (2018). La répression du profit illicite. art. cit.

7 Vigour, C. (2018). Chapitre 6. L'enracinement d'une logique gestionnaire comme euphémisation des enjeux politiques.

droit mobilise ainsi les notions de coût, d'efficacité, de mesure des performances préférant la conception d'une justice-organisation à celle d'une justice-valeur étrangère à toute considération économique[1]. Il serait toutefois utopique de décorréler totalement l'exercice de la justice de cette dernière au regard des montants – pourtant parfois jugés insuffisants[2] – alloués chaque année au domaine de la justice. A titre d'exemple, le budget de l'État voté pour 2023 prévoit des crédits de paiement ouverts à hauteur de 11 570 millions d'euros pour la justice[3], ce qui représente environ 2 % du budget total de l'État pour cette même année.

41. L'amende : une peine rentable. Détrônant la peine privative de liberté[4], l'amende est érigée en nouvelle reine des peines[5] sous l'influence de l'analyse économique du droit, courant de pensée encourageant le prononcé de sanctions patrimoniales[6] puisqu'elles seraient rentables pour l'État[7]. En effet, elle présenterait l'avantage de ne pas être onéreuse dans

---

Réformes de la justice en Europe: Entre politique et gestion, Louvain-la-Neuve: De Boeck Supérieur. p. 221-280.

1 Vigour, C. (2006). Justice : l'introduction d'une rationalité managériale comme euphémisation des enjeux politiques. *Droit et société*, n°63-64, p.425-455.

2 V., à titre d'exemple, les propos tenus par Etienne Kubica, délégué régional du syndicat de la magistrature à Rennes, le mercredi 23 novembre 2022 sur l'antenne de France bleu : https://www.francebleu.fr/infos/faits-divers-justice/par-manque-de-moyens-la-confiance-en-la-justice-se-brise-regrette-un-juge-des-enfants-de-rennes-5965348.

3 Ministère de l'économie des finances et de la souveraineté industrielle et numérique (2023). *Le budget de l'État voté pour 2023 en quelques chiffres (loi de finances initiale).* https://www.budget.gouv.fr/documentation/file-download/19568

4 Guérin, M-C.. (2018). Faut-il recourir à l'analyse économique du droit pénal ?. In Claverie-Rousset, C. *Analyse économique du droit et matière pénale*. LexisNexis.

5 Becker, G.-S. (1968). Crime and Punishment, an Economic Approach. *Journal of Political Economy*, vol. LXXVI, p.169 – Chu, C. & Jiang, N. (1993). Are fines more efficients than imprisonment ?. *Journal of Public Economics*, p.391 et s.

son exécution – à la différence de la peine de prison[1] par exemple –, certains allant même jusqu'à affirmer que celle-ci enrichit le Trésor public et donc l'État[2] ou encore qu'elle « permet la rétribution d'une infime partie des sommes engagées par lui dans la lutte contre le phénomène criminel »[3]. La rentabilité étant le caractère de ce qui produit un bénéfice, il n'est pas surprenant que l'amende soit qualifiée comme tel si les sommes allouées à son recouvrement sont inférieures à celles encaissées par le Trésor à l'occasion de l'exécution de la peine puisque celui-ci profiterait alors d'un bénéfice. Pour autant, cela ne signifie pas que le recouvrement de l'amende prononcée à l'encontre d'un délinquant n'implique aucun moyen déployé par les autorités puisqu'en cas d'inexécution, des mesures – payantes – sont mises en œuvre[4]. Toutefois, même dans ce cas, ce que rapporte l'amende est bien souvent supérieur aux services utilisés pour s'assurer de l'effectivité de cette peine patrimoniale[5] de sorte que même lorsqu'elle coûte à l'État, elle lui rapporte tout de même.

42. La recherche d'efficience de la peine d'amende proportionnelle au produit tiré de l'infraction. Parce qu'elle permet le prononcé d'amendes dont les montants peuvent s'avérer très élevés, l'utilisation de la peine d'amende proportionnelle au produit tiré de l'infraction semble posséder un avantage considérable qu'est l'efficience, c'est-à-dire, « le

---

6 Posner, R. (1980). Optimal Sentences for White-Collar Criminals. *American Criminal Law Review.*

7 Van Honsté, V. (1975-1976). Politique criminelle et sanctions patrimoniales. *RD pén. Crim.*, p.407 et s.

1 En moyenne 100€ par jour d'emprisonnement : Sylvestre, F. (2018). Le poids de l'argument économique dans le choix de la sanction par le juge (*ab initio* et aménagement de peines). In Claverie-Rousset, C. *Analyse économique du droit et matière pénale.* LexisNexis.

2 Bavitot, A. (2019). L'amende à taux mobile. art. cit.

3 Rassat, M.-L. (1999). *Droit pénal* (2e éd.), PUF, coll. Droit fondamental, n°359, p.524.

4 A titre d'exemple, v. la procédure de recouvrement forcé.

5 Bouckaert, B., de Geest, G. (2000). *The Economics of Crime and Litigation*, éd. Cheltenham et Edward Elgar, p.307 et s.

seuil où ladite règle produirait le meilleur résultat au moindre coût »[1]. Sans surprise, les amendes dont le montant est indexé sur ce que l'auteur a retiré de l'infraction sont les peines de prédilection de l'analyse économique du droit[2] puisque, sans augmenter les sommes mises en œuvre pour assurer leur recouvrement, celles qu'elles permettent à l'État d'encaisser ne connaissent pas de plafond chiffré limitant. En somme, si les coûts demeurent égaux, les recettes de l'État peuvent sensiblement augmenter – en fonction du coefficient multiplicateur et de la valeur du produit tiré de l'infraction – faisant ainsi grimper les bénéfices et, par là même, l'efficience de la peine. Tout semble ainsi destiner la peine d'amende proportionnelle au produit tiré de l'infraction à être la peine phare d'un droit pénal principalement influencé par l'analyse économique du droit tant son efficience semble évidente. Toutefois, le pragmatisme dont doivent faire preuve les autorités impose de nuancer grandement ce constat au regard du faible taux de recouvrement des amendes, le risque d'impayé étant la « faiblesse criminologique » de cette peine[3].

43. Amélioration nécessaire du recouvrement des amendes. « Vecteur d'efficacité économique »[4] des peines d'amende, le recouvrement de ces dernières pose de nombreuses difficultés alors même que l'inexécution des condamnations prononcées par les tribunaux serait un obstacle au respect de la justice[5]. S'il est possible de remarquer que le taux de recouvrement est globalement en hausse depuis les années soixante[6], il demeure toujours largement insatisfaisant puisque, pour l'année 2016, ce

---

1 Royer, G. & Stasiak F. (2009). Pour une efficacité optimale de l'amende pénale : les apports de l'analyse économique du droit à la réforme du Code pénal. art. cit.

2 Lagoutte, J. (2018). La répression du profit illicite. art. cit.

3 Décima, O., Detraz, S., & Verny, É. (2022). *Droit pénal général.* op. cit.

4 Dantras-Bioy, H. (2018). L'(in)efficacité économique de la peine d'amende. In Claverie-Rousset, C. *Analyse économique du droit et matière pénale.* LexisNexis.

5 Bernardi., A. (1990). L'amende dans une perspective européenne. art. cit.

même taux avoisinait les 48 %[1] laissant ainsi plus de la moitié des amendes prononcées impayées malgré le développement de mécanismes censés faciliter leur recouvrement, telles que la contrainte judiciaire ou la solidarité entre condamnés par exemple. Or, la peine d'amende proportionnelle au produit tiré de l'infraction doit nécessairement être encaissée par le Trésor faute de quoi elle perdrait son caractère répressif et donc son efficience puisque, si le moindre coût d'exécution de la peine subsiste, le résultat – dissuasion et répression – ne serait plus atteint : en l'absence de résultat, il ne peut y avoir d'efficience. De nombreuses propositions ont ainsi été formulées afin d'améliorer le recouvrement – la possibilité des saisies-rémunération sur les prestations sociales[2], la diminution des délais de recouvrement[3] - en réponse aux délais de transmission tardifs[4] – ou encore la mise en place d'une application destinée

6 La Cour des Comptes déplorait, dans son rapport de 1963, un taux de recouvrement de 25 % : Pelier, J. (1964). Réflexions sur le recouvrement des condamnations pécuniaires. Recueil Dalloz de doctrine, de jurisprudence et de législation. p. 223-224. https://www.senat.fr/rap/r18-330/r18-330.html

1 V. annexe n°2 : Evolution du taux de recouvrement et des montants pris en charge. Sénat (2019). Rapport d'information n°330 fait au nom de la commission des finances sur le recouvrement des amendes pénales.

2 Cotte, B. & Minkowski, J. (janvier 2018). Rapport « Sens et efficacité des peines », Livret 05, Chantier de la Justice, janvier 2018, p.36.

3 Dantras-Bioy, H. (2018). L'(in)efficacité économique de la peine d'amende.art. cit.

4 « Le délai moyen entre la date de jugement et celle de prise en charge à la direction départementale des finances publiques est de près de 5 mois (141 jours) pour les jugements des tribunaux correctionnels ou de 6 mois pour les arrêts des cours d'appel (181 jours) » : Commission des finances du Sénat, Lefèvre A. (2019). *Rapport d'information sur le recouvrement des amendes pénales.* https://www.senat.fr/rap/r18-330/r18-3301.pdf

à la gestion des amendes[5] - mais aucune d'entre elles n'a réellement été suivie d'effet.

44. Transition. En l'absence d'un taux de recouvrement satisfaisant de la peine d'amende, a fortiori des amendes concernant la criminalité économique[1] – domaine privilégié de la peine d'amende proportionnelle au produit tiré de l'infraction[2] – , cette dernière pourrait bien se révéler en réalité inefficace car elle ne permettrait ni la dissuasion, ni la rétribution à laquelle elle est pourtant destinée. Or, un tel constat participe sans aucun doute à la désillusion générée par cette peine pourtant prometteuse, puisque sa mise en œuvre concrète ne remplit pas les ambitions que la théorie lui attribuait. Face à cette déception, la question de la survivance de cette peine peut alors légitimement se poser, constat renforcé par l'étude de l'influence qu'exerce le domaine politique sur le prononcé de celle-ci.

§2 : L'affaiblissement de la peine d'amende proportionnelle au produit tiré de l'infraction par l'influence de la politique

45. « Tout n'est pas politique mais la politique s'intéresse à tout »[3]. Pouvoir de l'homme sur l'homme à l'échelle de la

5 Il était d'ailleurs prévu la création de l'application ROCADE en lien avec la Direction générale des finances publiques mais le projet a été abandonné malgré un budget alloué de 35 millions d'euros.

1 V. annexe n°3 : Taux de recouvrement, montants recouvrés et nombre de condamnations en fonction du type de contentieux. Commission des finances du Sénat, Lefèvre A. (2019). *Rapport d'information sur le recouvrement des amendes pénales.* https://www.senat.fr/rap/r18-330/r18-3301.pdf

2 La criminalité économique englobant toutes les infractions de la délinquance en col blanc telle que la corruption par exemple : https://www.interpol.int/fr/Infractions/Criminalite-financiere

3 Citation attribuée à Nicolas Machiavel, humaniste italien des XV[è] et XVIème siècles.

société, la politique « instaure un état de droit, c'est-à-dire un espace public [...] régi par des normes spécifiques (lois et autres règles de droit) »[1] aussi n'est-il guère surprenant de voir son influence s'exercer sur le droit et notamment le droit qui représente avec le plus de force le pouvoir de l'État, à savoir, le droit pénal[2]. Il est d'ailleurs question, pour désigner « la définition des priorités dans le déclenchement des poursuites et la mise en œuvre de l'action publique »[3], de politique pénale déterminée par le Gouvernement et conduite par le garde des Sceaux[4]. A titre d'exemple, les dernières politiques pénales visent la restauration de la confiance des citoyens dans l'institution judiciaire, la lutte contre les violences conjugales, contre la haine en ligne, contre le terrorisme ou encore le l'intensification de la lutte contre le terrorisme[5]. Elles témoignent ainsi de la prise en compte, par les pouvoirs publics, des sujets sociétaux touchant particulièrement les citoyens.

46. L'acceptation de la peine d'amende proportionnelle au produit tiré de l'infraction par la société. En témoignent les différentes lois de réaction venues modifier le contenu du Code pénal suite à des évènements ayant touché l'ensemble de la société[6], le législateur demeure sensible à l'opinion du public

1 Elisalde, Y. (2017). *Vocabulaire philosophique*. Vol. IV : Les mots de la politique. Editions Bréal.

2 Le siècle des Lumières a d'ailleurs vu s'opérer un glissement de la question pénale sur le terrain politique, jusqu'à la transformer en question purement politique, raison pour laquelle les philosophes s'intéressant à la philosophie pénale sont également des philosophes politiques. Par exemple, Montesquieu ou Cesare Beccaria.

3 Bourgoin, N. (2013). État des lieux. *La révolution sécuritaire (1976-2012)*. Nîmes: Champ social. p.17-32.

4 Art. 30 du code de procédure pénale.

5 Ministère de la justice (janvier 2022). *Rapport de politique pénale du Garde des Sceaux*. http://www.justice.gouv.fr/art_pix/Rapport_politique_penale-VD.pdf

6 La dernière en date étant la loi n° 2022-52 du 24 janvier 2022 relative à la responsabilité pénale et à la sécurité intérieure prise en réaction à l'affaire Sarah Halimi et ayant conduit, notamment,

lorsqu'il pénalise – ou dépénalise – des comportements. Or, la défiance croissante des citoyens envers les pouvoirs publics[1], celle-ci semblant avoir atteint son paroxysme[2], a conduit les autorités à faire de la lutte contre les atteintes à la probité, siège privilégié de la peine d'amende proportionnelle au produit tiré de l'infraction, un des fers de lance de l'action gouvernementale[3], ce que met en lumière l'adoption de nombreuses lois relatives à la lutte contre la corruption ou la fraude telle que la loi Sapin II[4] par exemple. Ce faisant, sous couvert de protéger la société d'un comportement qui lui serait nuisible, est instaurée une peine proportionnelle à la gravité du trouble social qui résulte de l'infraction[5]. Aussi, si la peine d'amende proportionnelle au produit tiré de l'infraction peut sembler être d'une force répressive particulièrement importante, le corps social ne s'en indigne pas et, bien au contraire, l'accepte comme étant la juste rétribution d'une infraction portant atteinte à la confiance publique, faisant ainsi bénéficier cette peine d'une certaine légitimité populaire qui pourrait venir justifier son existence au sein du système judiciaire français.

47. L'amende proportionnelle au produit tiré de l'infraction : une peine qui rapporte à l'État. Malgré l'inélégance dont ferait preuve l'État en tirant profit de l'activité criminelle de ses citoyens[6], c'est pourtant bien à lui que profite principalement le prononcé, par les juridictions répressives, de

à la création des articles 122-1-1 et 122-1-2 du code pénal.

1 VIIIe Journée d'étude de la Commission de la Jeune Recherche en Droit Constitutionnel (2019). *Contrôler les gouvernants en France : où en est-on ?*.

2 Sénac, C. (2020). Le contrôle populaire des élus. In Senik, C. *Crises de confiance.* La Découverte, coll. Recherches. p. 56-72.

3 Ministère de la justice (janvier 2022). *Rapport de politique pénale du Garde des Sceaux*.

4 Loi n° 2016-1691 du 9 décembre 2016 relative à la transparence, à la lutte contre la corruption et à la modernisation de la vie économique.

5 Machado, M. R. & Pires, A. P. (2010). Intervention politique dans la sentence du droit ? Fondements culturels de la peine minimale. *Criminologie*, *43*(2), p.89–126.

6 Merle, R. & Vitu A. (1967). Traité de droit criminel. op. cit.

l'amende dès lors que l'exécution de cette peine consiste dans le versement de la somme d'argent correspondante au Trésor public[1]. Aussi, compter parmi les peines composant l'arsenal législatif français une modalité de calcul de l'amende qui s'indexe sur le produit tiré de l'infraction permettant ainsi d'atteindre des montants considérables ne peut être que bénéfique pour l'État : ce dernier encaisse alors d'autant plus d'argent que le montant de l'amende prononcée est important, en théorie à tout le moins[2]. Il est alors surprenant que le développement de la peine d'amende proportionnelle au produit tiré de l'infraction ne s'illustre pas au sein des objectifs du gouvernement mis en lumière par la révélation de leur politique pénale, ni même qu'une simple mention de cette peine n'apparaisse pas. Faut-il y voir l'aveu du désintérêt des autorités publiques à l'égard de cette amende particulière ? Une réponse ne pouvant être donnée avec certitude en l'état actuel des choses, l'adoption future d'éléments de politique pénale pourrait se montrer plus éloquente sur la question. Toutefois, un doute subsiste quant à la justification politique de la peine d'amende proportionnelle au produit tiré de l'infraction, celui-ci étant par ailleurs renforcé par l'introduction de considérations économiques et politiques dans le prononcé de cette peine.

48. Affaiblissement de l'efficacité de la peine d'amende proportionnelle au produit tiré de l'infraction par la prise en compte de considérations extra-juridiques. Introduite par la loi portant réforme des dispositions générales du code pénal[3] et étendue par la loi Perben II[4] supprimant le principe de spécialité quant aux infractions concernées, la responsabilité pénale des personnes morales a marqué un véritable tournant dans le droit pénal français puisque la responsabilité pénale des sociétés, et plus largement de toute personne morale de droit

1 Guinchard, S., Debard, T., et autres (2021). Lexique des termes juridiques. op. cit.
2 V. supra concernant le recouvrement des amendes pénales.
3 Loi n°92-683 du 22 juillet 1992 portant réforme des dispositions générales du code pénal.
4 Loi n° 2004-204 du 9 mars 2004 portant adaptation de la justice aux évolutions de la criminalité.

privé et de quelques personnes morales de droit public[1], peut être mise en jeu. Cette possibilité d'engager la responsabilité pénale des personnes morales se révèle particulièrement utile au regard de la capacité financière inhérente à certaines d'entre elles, notamment les multinationales ou les grands groupes financiers, puisque pourraient être prononcées des amendes considérables sans qu'elles ne demeurent impayées puisque les condamnés ne seraient pas insolvables. Là encore, l'utilisation de la peine d'amende proportionnelle au produit tiré de l'infraction pourrait se révéler être un atout de taille puisqu'elle permettrait de prononcer des amendes particulièrement élevées puisqu'elle ne connaît pas de plafond légal chiffré. Aussi est-il possible d'imaginer le prononcé d'une amende de plusieurs millions ou milliards d'euros si la valeur du produit tiré de l'infraction ainsi que les conditions de calcul de l'amende posées par la loi le permettent. Toutefois, il est possible de douter du fait que le juge pénal prenne le risque de prononcer amende si élevée qu'elle ferait encourir la faillite à une entreprise[2] et pourrait ainsi conduire à un déséquilibre du marché financier national, voire international. Ce sont donc des considérations extra-juridiques, politiques et économiques principalement, qui viennent grandement amoindrir l'efficacité tant répressive que dissuasive dont aurait pu jouir la peine

1 Si la responsabilité pénale de l'État ne peut jamais être engagée, la responsabilité pénale des collectivités territoriales peut l'être lorsque l'infraction est commise à l'occasion d'une activité susceptible de faire l'objet d'une convention de délégation de service public et, enfin, la responsabilité pénale des établissements publics peut l'être sans condition particulière.

2 Il est vrai que la société Airbus a été contrainte de payer une amende d'intérêt public de plus de deux milliards d'euros dans le cadre de la mise en œuvre d'une CJIP. Toutefois, au regard de son chiffre d'affaires de l'année 2021 qui s'élève à plus de cinquante-huit milliards d'euros (Airbus (2022). *Communiqué de presse sur les résultats de l'entreprise*.https://www.airbus.com/sites/g/files/jlcbta136/files/2023-02/FR-Press-Release-Airbus-FY2022-results.pdf) , le risque de plonger l'entreprise dans une faillite par le prononcé d'une amende équivalent à 3 % de son chiffre d'affaires annuel semble très faible.

d'amende proportionnelle au produit tiré de l'infraction. Ce constat est d'autant plus regrettable que la force de dissuasion de cette peine était déjà atteinte dès lors que l'amende proportionnelle au produit tiré de l'infraction prononcée à l'égard d'une entreprise touche plus les actionnaires que le décideur[1], ce dernier n'étant alors pas incité à agir conformément à la loi par le risque voir se répercuter sur lui les conséquences malheureuses subies par l'entreprise en cas de commission d'une infraction[2].

49. Conclusion de la section. Ainsi, alors que l'utilité économique de l'amende proportionnelle au produit tiré de l'infraction est parfois mise en avant pour légitimer le recours à une telle peine, l'étude de celle-ci met pourtant en lumière les nombreuses défaillances de cette prétendue justification puisque tant l'analyse économique du droit que l'influence exercée par le domaine politique révèlent les faiblesses de ce raisonnement.

50. Conclusion du chapitre. La peine d'amende proportionnelle au produit tiré de l'infraction semble ainsi remplir pleinement les fonctions qui lui sont attribuées : la dissuasion et la répression. Dissuasive, en premier lieu, car elle permet de garantir au délinquant potentiel – ou potentiel récidiviste – qu'il ne retirera rien de ses méfaits et, ce faisant, le décourageant de passer à l'acte dans une logique rationnelle. Répressive en second lieu dès lors qu'elle permet de punir sévèrement les personnes qui ont, malgré tout, choisi de passer à l'acte en les privant des bénéfices issus de leurs actions délictueuses tout en amputant leur patrimoine initial par le prononcé d'une peine plus importante que la valeur du seul produit tiré de l'infraction. Ce tableau, en apparence idyllique, ferait de la peine d'amende proportionnelle au produit tiré de l'infraction la peine par excellence pour toute infraction possédant une dimension lucrative, aussi est-il surprenant qu'elle ne soit prévue que pour une petite poignée d'infractions. Il apparaît pourtant que l'utilité économique de cette peine

1 Bavitot, A. (2019). L'amende à taux mobile. art. cit.

2 Même si sa responsabilité pénale peut être engagée concomitamment à celle de la personne morale qu'il dirige.

laisse grandement à désirer, notamment en raison du faible taux de recouvrement et de désintérêt notoire des politiques publiques pour cette peine, raison pour laquelle l'amende proportionnelle au produit tiré de l'infraction se révèle bien en deçà des attentes qu'il eut été possible de lui attribuer. La déception liée à ce mécanisme se trouve, par ailleurs, renforcée par le fait que l'assiette utilisée dans le calcul de son montant n'est autre qu'une notion aux contours flous et difficile d'appréhension qu'est le produit tiré de l'infraction.

Chapitre second – Le produit tiré de l'infraction : objet juridique non identifié

51. Produit tiré de l'infraction : une notion floue. Bénéficiant pourtant de vingt-et-une occurrences au sein du Code pénal, le « produit tiré de l'infraction » demeure une notion énigmatique en raison de l'absence manifeste – et regrettable – d'une définition en droit interne (Section première). Or, cette nébulosité n'est pas sans conséquence puisqu'elle contribue à alimenter les difficultés liées à la détermination de l'assiette de cette amende proportionnelle, cette dernière dépendant exclusivement du produit tiré de l'infraction (Section seconde).

Section première – Une carence importune de définition du produit tiré de l'infraction

52. Le produit tiré de l'infraction : une affaire de sémantique. Est sémantique ce qui se rattache à l'étude du sens, de la signification des mots[1] raison pour laquelle cette discipline trouve à s'appliquer dans le cadre particulier de l'examen du produit tiré de l'infraction. En effet, au regard de la diversité ayant cours au sein des produits tirés de l'infraction (§1), la question de la signification exacte de cette notion se pose légitimement en l'absence d'une quelconque définition législative interne (§2).

1 Larousse. Sémantique. In *Dictionnaire en ligne.* Consulté le 2 juin 2023.

§1 : L'indubitable diversité derrière la notion de produit tiré de l'infraction

53. Produit tiré de l'infraction sans valeur économique. Préalablement à l'étude des produits d'infractions particulières, il convient de se pencher sur un produit particulier : celui qui ne possède aucune valeur économique. Malgré l'assimilation, par certains, du produit de l'infraction à une richesse générée par cette dernière[1], force est de constater que celui-ci peut également s'extraire de cette conception purement économique[2] lorsqu'il n'a pas pour objectif d'enrichir l'auteur des faits mais qu'il revêt un aspect exclusivement moral[3]. A cet égard, a notamment pu être considérée comme produit de l'infraction la preuve[4] obtenue à la suite d'un vol et utilisée dans le cadre d'un litige prud'homal[5]. Une difficulté de taille semble pourtant se poser dans le cadre particulier de l'étude de l'amende proportionnelle au produit tiré de l'infraction : comment faire dépendre le montant d'une peine pécuniaire d'un produit qui, par principe, ne possède aucune valeur économique ? Sauf à considérer, de manière arbitraire et sans plus de justification, que cela est catégoriquement impossible, la réponse à cette question est loin d'être chose aisée et mériterait sans aucun doute de plus amples développements, raison pour laquelle le produit tiré de l'infraction sans valeur économique ne peut être pris en compte dans le cadre de l'étude de cette peine particulière mais participe, pour autant, à la démonstration de la diversité inhérente à la notion de produit tiré de l'infraction.

---

1 Almaseanu, S. (11 décembre 2018). La protection du propriétaire de bonne foi en cas de confiscation du produit ou de l'objet de l'infraction. *Gaz. Pal.* n°337. p.18.

2 Saenko, L. (2014). La preuve comme produit de l'infraction. *Gazette du palais*, n°*133*, p.25-28.

3 Ollard, R. (2018). L'incrimination pénale du profit illicite. *Les colloques de l'ISCJ*, 3, p.15-26.

4 Saenko, L. (2014). La preuve comme produit de l'infraction. art. cit.

5 Ollard, R. (2018). L'incrimination pénale du profit illicite. art. cit.

54. Exemple des produits de la fraude fiscale. Incriminé à l'article 1741 du CGI, le délit de fraude fiscale est l'une de ces infractions punies d'une peine d'amende « dont le montant peut être porté au double du produit tiré de l'infraction »[1]. Dès lors, se pose légitimement la question de savoir ce qu'est le produit de l'infraction de fraude fiscale, la réponse à celle-ci nécessitant de solliciter tant la jurisprudence que la doctrine en l'absence de toute précision législative. A cet égard, a pu être jugé que le produit de l'infraction de fraude fiscale n'est autre que l'économie[2] « qu'elle a permis de réaliser et dont le montant est équivalent à celui des impôts éludés »[3], solution qui cantonne ainsi la qualification de produit aux seuls droits éludés à l'exclusion, donc, de l'ensemble des sommes dissimulées[4]. Cette économie constituerait ainsi le produit direct de l'infraction de fraude fiscale et les biens acquis avec les fonds dont l'existence découle de cette même économie en seraient le produit indirect[5]. Pour autant, certains auteurs ont pu souligner qu'il serait réducteur de limiter le produit de l'infraction de fraude fiscale à la seule économie réalisée, ce dernier pouvant se transformer selon le problème juridique soulevé[6]. Aussi, dans le cas particulier de « fraude à la TVA par obtention d'un crédit de taxe indu »[7], le produit ne serait non plus l'économie réalisée mais le « gain positif issu des agissements illicites »[8].

55. Exemple des produits de la corruption. Autre infraction, autres produits. Figurant parmi les atteintes à la probité, la

1 Art. 1741 du CGI.
2 Cass. crim., 3 avril 2019, n°18-83.052.
3 Cass. crim., 11 septembre 2019, n°19-81.040.
4 Detraz, S., Salomon, R. (2021). *Précis de droit pénal fiscal*. op. cit.
5 A titre d'exemple, Cass. crim., 7 mai 2019, n°18-84.033 concernant l'achat d'un immeuble avec les fonds provenant de l'économie réalisée dans le cadre d'une fraude fiscale.
6 Detraz, S. (2019). Infractions fiscales et douanières. *RSC*, n°3. p.629-634.
7 Ibid.
8 Ibid.

corruption, tant active[1] que passive[2], peut également voir le montant de la peine d'amende la sanctionnant porté « au double du produit tiré de l'infraction »[3]. Or, à quoi renvoie ce produit ? Contrairement à la fraude fiscale, la jurisprudence n'a jamais eu l'occasion – ou ne l'a jamais saisie – de se prononcer sur cette question, raison pour laquelle, malgré les propositions doctrinales, un doute subsiste. En effet, la détermination du produit de la corruption oscillerait entre l'avantage sollicité ou agréé par l'auteur des faits et la « valeur économique obtenue par l'accomplissement ou le non-accomplissement d'un acte relevant de la fonction de l'agent corrompu »[4].

56. Constat de la diversité des produits de l'infraction. Ces quelques exemples, non exhaustifs, suffisent à démontrer l'hétérogénéité qui se cache derrière la notion de produit d'une infraction puisque l'étude des produits possibles de ces seules deux infractions a mis en lumière la diversité qui leur est inhérente. Ainsi, corporelle ou incorporelle, mobilière ou immobilière[5], tout chose semble pouvoir être qualifiée de produit d'une infraction dès lors que son existence est caractérisée par son origine délictueuse : un immeuble[6], l'attribution de marché public[7], une créance[8], une information obtenue en violation du secret professionnel inhérent aux éléments contenus dans un fichier de la police[9], etc. Il n'est pas utile de continuer plus en avant cet inventaire à la Prévert pour se rendre compte que le produit de l'infraction peut revêtir bon nombre de réalités, aussi distinctes que peuvent l'être, à titre

1 Art. 433-1 du code pénal.
2 Art. 432-11 du code pénal.
3 Ibid.
4 Segonds, M. (2020). A la recherche d'une définition du produit de l'infraction (selon la loi pénale). art. cit.
5 De Jacobet de Nombel, C. (mai 2022). Synthèse – Recel et blanchiment en droit pénal des affaires. *J. Cl. Pén. des affaires,* Synthèse n°30.
6 Cass. crim., 28 septembre 2016, n° 15-84.485.
7 Cass. crim., 15 mai 2008, n°07-88.369.
8 Cass. crim., 18 janvier 1988.
9 Cass. crim., 20 juin 2006, n°05-86.491.

d'exemple, un sujet d'examen dématérialisé[1] et une villa achetée avec des fonds provenant d'un trafic de stupéfiants. Par conséquent, le produit de l'infraction pourrait être toute chose – entendue largement comme englobant à la fois les biens matériels et les services[2] –, et ce, peu importe sa nature : « tout est produit »[3].

Un second point commun semble pourtant émerger de ces différents exemples : leur caractère appropriable. En effet, seule une « chose susceptible d'appropriation »[4] peut être considérée comme un produit puisqu'il doit pouvoir faire l'objet d'une peine de confiscation[5]. Or, comment confisquer une chose qui ne peut appartenir à personne ? Voilà un problème qui semble pour le moins insoluble. C'est d'ailleurs pour répondre à cette exigence d'appropriation de la chose produit de l'infraction que la distinction entre produit direct et produit indirect[6] semble trouver son utilité : lorsque le premier de ces produits est un service – qui ne semble pouvoir faire l'objet d'une appropriation en tant que tel[7] –, il s'avère fort utile de pouvoir se tourner vers le bien matériel ou immatériel acquis grâce à l'avantage procuré par ce même service et qui constitue le produit indirect de l'infraction.

57. Transition. Dès lors, il est incontestable qu'une véritable diversité se cache derrière l'expression de « produit tiré de

1 Cass. crim., 12 juillet 2016, n°16-82.455 - Francillon, J. (2016). Infractions relevant du droit de l'information et de la communication. *RSC*, n°3, 535-549.
2 De Jacobet de Nombel, C. (mai 2022). Synthèse – Recel et blanchiment en droit pénal des affaires. art. cit.
3 Mainguy, D. (1999). Réflexions sur la notion de produit en droit des affaires. art. cit.
4 Beaussonie, G. (2020). Le produit de l'infraction et le principe de la personnalité des délits et des peines. art. cit.
5 L'art. 131-21 al. 3 dispose que la peine de confiscation « porte [...] sur tous les biens qui sont l'objet ou le produit direct ou indirect de l'infraction » – V. infra n°115.
6 V. supra n°13.
7 L'art. 544 du code civil réservant la propriété aux « choses » et non aux services.

l'infraction », allant tant du bien immobilier corporel qu'au bien mobilier incorporel et renvoyant une image tant de désordre que de confusion. Cette multiformité du produit tiré de l'infraction découle, sans aucun doute, du caractère purement prétorien de son identification, le législateur français n'ayant pas consenti à dissiper le brouillard entourant cette notion.

§2 : Une absence regrettable de définition interne du produit tiré de l'infraction

58. Illustration du problème d'absence de définition interne : distinction entre produit et profit tiré de l'infraction. Si le profit est toujours un produit tiré de l'infraction[1], la réciproque n'est pas toujours vraie[2]. Notions pourtant distinctes[3], une confusion règne entre ces deux objets juridiques alimentée par une doctrine qui n'hésite pas à assimiler le profit de l'infraction au terme, plus global, de produit[4]. Comment, alors, distinguer le profit du produit d'une infraction ? Le profit représenterait « en économie, le revenu résiduel de la différence entre les dépenses et les recettes obtenues [...] convertie en argent par une vente »[5] alors que le produit serait, de manière beaucoup plus large, tout ce qui découle d'une infraction permettant ainsi « une potentialité répressive nettement supérieure »[6]. Il ne fait aucun doute que

1 Ollard, R. (2018). L'incrimination pénale du profit illicite. art. cit.

2 Certains auteurs ont toutefois pu affirmer que l'existence d'un produit de l'infraction dépendait de l'existence d'un profit, *« le profit étant le constat que l'infraction a rapporté quelque chose à son auteur, le produit étant cette chose qu'elle lui a rapportée »* : Beaussonie, G. (2020). Le produit de l'infraction et le principe de la personnalité des délits et des peines. art. cit.

3 Dezeuze, E. (mai 2014). Le profit tiré des abus de marché. *Gaz. Pal.*, n°*133*.

4 Dreyer, E. (dir.), Cassuto, T., Detraz, S. et al. (mai 2014). Dossier spécial sur le profit de l'infraction. *Gaz. Pal., 133.* p.5-38 – Rassat, M.-L. (2018). *Droit pénal spécial*. Précis Dalloz. p. 1238.

5 T. corr. Paris, 3 décembre 1993, *Gaz. Pal. 1994*, I, p. 352.

6 Segonds, M. (2020). A la recherche d'une définition du produit de l'infraction (selon la loi pénale). art. cit.

l'enchevêtrement de telles notions soit dû à l'action, ou plutôt à l'abstention, du législateur qui, s'exonérant d'apporter une définition de ce qu'est le profit d'une infraction[1] tout comme il l'a fait pour le produit tiré d'une infraction, n'a pas pris le soin de les distinguer clairement.

59. Une entrave au respect du principe de légalité ? Aussi, le législateur français restant silencieux quant à la définition de la notion de produit tiré de l'infraction, le respect du principe de légalité peut interroger. Principe fondateur[2] de la matière pénale dont la paternité peut être attribuée à Beccaria[3], la légalité criminelle implique qu'aucune infraction ou peine ne peut être encourue si celle-ci n'a pas été expressément prévue et définie par la loi[4]: *nullum delictum, nulla poena, sine lege*[5]. Si, pendant longtemps, le principe de légalité criminelle renvoyait à une légalité strictement formelle, conférant un « monopole législatif de création des incriminations »[6], cette conception initiale a évolué sous l'impulsion de la Cour européenne des droits de l'Homme. En effet, il est désormais possible de voir se développer, aux côtés de la légalité formelle, une légalité matérielle entraînant l'exigence de prévisibilité du droit pénal indépendamment de la légalité formelle dans le sens où le simple respect de cette dernière ne suffit pas à considérer que la légalité matérielle soit respectée : celle-ci impose, en plus de l'existence d'un texte – puisqu'elle s'ajoute à la légalité formelle[7] – le caractère prévisible de la norme pénale. Dès lors,

1 Le législateur français distinguant uniquement le profit direct du profit indirect à l'art. 131-21 du code pénal, sans donner plus de précisions.
2 Dreyer, E. (2021). *Droit pénal général*. op. cit.
3 Eloi, C. (2014). Le droit selon Beccaria. *RJO,* n°4. p.41-62.
4 Mayaud, Y. (2021). *Droit pénal général* (7e éd.). PUF.
5 Nulle infraction, nulle peine sans loi. La paternité de cet adage revient à l'allemand Anselm von Feuerbach : Jung, H. (2012). Les traces françaises dans l'oeuvre de Johann Paul Anselm Feuerbach. *Les éclaireur du pénal.* L'Harmattan, coll. L'IRASCible, 3. p.93.
6 Saint-Pau, J.-C. (2015). L'interprétation des lois: Beccaria et la jurisprudence moderne. *RSC*, n°2. p.273-285.

la légalité matérielle inclut, pour la juridiction européenne, la jurisprudence et ses précisions[1].

S'il ne fait aucun doute que la notion de produit tiré de l'infraction respecte l'exigence de légalité formelle puisqu'elle apparaît dans de nombreux textes législatifs votés par le Parlement[2], le constat semble tout autre à l'étude de la légalité matérielle. En effet, les textes d'incrimination[3] ne prennent pas le soin de la définir de sorte que même le recours à un professionnel ne serait d'aucune aide[4] pour le justiciable lambda. Il est toutefois à noter que la jurisprudence a tenté de définir le produit de l'infraction comme « l'avantage économique tiré de l'infraction pénale et qui constitue la conséquence pénale de sa commission »[5] mais le caractère isolé d'une telle affirmation ne permet pas, pour le moment, d'affirmer avec conviction qu'une définition non équivoque du produit est ainsi posée par la Cour de cassation. Aussi, la caractérisation du produit tiré de l'infraction résiderait dans une logique de pure casuistique, ses contours se modifiant au gré des infractions[6] et dont la prévisibilité et la clarté laissent grandement à désirer, preuve de l'entorse faite par l'absence de

---

7 La légalité matérielle ne pouvant s'émanciper totalement de la légalité formelle au risque de devenir un « concept mou, sorte de réceptacle à toutes sortes de principes généraux du droit pénal » : Conte, P. (juillet 2020). Principe de légalité criminelle – La distinction de la légalité formelle et de la légalité matérielle : ses dits et non-dits. *Droit pénal*, 7-8. p.21-24.

1 CEDH, 1er septembre 2016, X et Y c/ France.

2 V., par exemple, l'art. 6 de la loi n° 2013-1117 du 6 décembre 2013 relative à la lutte contre la fraude fiscale et la grande délinquance économique et financière.

3 Segonds, M. (2020). A la recherche d'une définition du produit de l'infraction (selon la loi pénale). art. cit.

4 L'exigence de clarté de la loi pénale n'exclut pas pour autant le recours à un spécialiste pour en saisir la portée : CEDH, Chauvy et autres c/ France, 29 juin 2004 – CEDH, Jorgic c/ Allemagne, 12 juillet 2007.

5 Cass. crim., 5 mai 2021, n°20-86.529.

6 Segonds, M. (2020). A la recherche d'une définition du produit de l'infraction (selon la loi pénale). art. cit.

définition interne du produit tiré de l'infraction au sacro-saint principe de légalité criminelle. En réaction à un tel constat, il n'est guère surprenant que les acteurs confrontés à cette notion appellent de leurs vœux une clarification législative de cette dernière.

60. Intervention législative bienvenue. Comme dans de nombreux domaines[1], la qualité des textes français employant la notion de produit tiré de l'infraction gagnerait à faire l'objet d'une amélioration, par l'introduction d'une définition claire et précise de ce dernier, de la part du législateur afin d'assurer leur conformité au principe de légalité, tant formelle que matérielle. Pour ce faire, et à l'image de Botticelli s'inspirant de Simonetta Vespucci pour réaliser l'œuvre majeure de sa carrière[2], le législateur serait bien avisé de s'appuyer sur la jurisprudence ou la doctrine française, celle-ci se montrant force de propositions. Parmi elles, a pu être avancé que le produit tiré de l'infraction serait « ce que rapporte l'infraction »[3] étant précisé qu'il « pourra[it] être financier, pécuniaire ou en nature mais toujours évaluable en argent »[4]. Aussi, il serait possible pour le législateur d'user de cette définition suffisamment large pour englober la diversité des différents produits tout en étant claire et concise afin de préciser ce qui se cache derrière l'énigmatique expression de produit tiré de l'infraction. En cas de désintérêt persistant des parlementaires pour cette question, il serait loisible à la jurisprudence de s'en servir pour apporter une définition de cette notion qui, si elle n'est que prétorienne, serait conforme aux exigences européennes quant à la légalité matérielle de la loi pénale. En l'absence de précision de la part des autorités législative et judiciaire nationales, il est alors tentant de se tourner vers d'autres ordres juridiques, mobilisant ainsi le droit supra-national.

1 A titre d'exemple (et sans être exhaustif) : le terrorisme, la radicalisation ou encore les détournements de procédure.

2 C'est en effet de Simonetta Vespucci que Sandro Botticelli aurait pris le modèle pour représenter la déesse Venus dans son célèbre tableau *La Naissance de Vénus*.

3 Jeandidier, W. (2019). Corruption et trafic d'influence. art. cit.

4 Roger, A. (1998). La notion d'avantage injustifié. *JCP*, n°11.

61. Une définition supra-nationale du produit de l'infraction. Les atteintes à la probité et le droit pénal économique, terrains de jeu favoris de la peine d'amende proportionnelle au produit tiré de l'infraction, ne connaissant pas de frontières, existent des conventions internationales et européennes traitant de ces infractions, prenant parfois le soin d'apporter un éclaircissement sur la notion de produit de l'infraction. A cet égard, la Convention de Strasbourg relative au blanchiment[1] affirme que le « produit désigne tout avantage économique tiré d'infractions pénales. Cet avantage peut consister en tout bien »[2], celui-ci pouvant être « un bien de toute nature, qu'il soit corporel ou incorporel, meuble ou immeuble, ainsi que les actes juridiques ou documents attestant d'un titre ou d'un droit sur le bien »[3]. Loin d'être restée lettre morte, cette définition a par la suite été reprise par l'Union européenne à l'occasion d'une décision-cadre de 2005 relative à la confiscation des produits du crime[4], preuve de sa pertinence et de sa clarté. Il est toutefois à noter que cette définition du produit de l'infraction a fait l'objet de correctifs afin de prendre en compte l'étendue des produits possibles puisque la Convention de Varsovie[5] est intervenue quinze ans après la première intervention du Conseil de l'Europe pour préciser que l'avantage économique dont il est question peut provenir « directement ou indirectement de la commission d'une infraction pénale ou [avoir été] obtenu directement ou

---

1 Convention n°141 du Conseil de l'Europe relative au blanchiment, au dépistage, à la saisie et à la confiscation des produits du crime adoptée le 8 novembre 1990.

2 Art. 1a de la Convention relative au blanchiment, au dépistage, à la saisie et à la confiscation des produits du crime précitée.

3 Art. 1b de la Convention relative au blanchiment, au dépistage, à la saisie et à la confiscation des produits du crime précitée

4 Décision-cadre 2005/212/JAI du Conseil de l'Union Européenne du 24 février 2005 relative à la confiscation des produits, des instruments et des biens en rapport avec le crime.

5 Convention n°198 du Conseil de l'Europe relative au blanchiment, au dépistage, à la saisie et à la confiscation des produits du crime et au financement du terrorisme adoptée le 16 mai 2005.

indirectement en la commettant »[1], venant, ainsi, préciser un peu plus ce à quoi renvoie le produit de l'infraction. Est-ce alors par manque de volonté que le législateur national n'a pris le soin de se saisir d'une telle définition pour la retranscrire en droit interne ? La question demeure.

62. Conclusion de la section. Il apparaît ainsi que de l'absence de définition claire et précise, pourtant nécessaire au respect de la légalité matérielle, du produit tiré de l'infraction résulte une diversité de produits ainsi qu'une insécurité juridique certaine à raison de la confusion existante avec des notions voisines. Or, au regard du flou entourant la notion française de produit de l'infraction, il semblerait que le législateur national ne joue pas les Bons Samaritains dans la mesure où « mal nommer un objet [ajouterait] au malheur de ce monde »[2]. En effet, l'absence d'une définition interne précise de ce qu'est, ou n'est pas, le produit d'une infraction implique, en toute logique, l'existence d'entraves considérables à la détermination de l'assiette de l'amende proportionnelle au produit tiré de l'infraction du fait de la dépendance de celle-ci tant à l'identification qu'à l'évaluation de ce même produit.

Section seconde – Une détermination épineuse de l'assiette de l'amende proportionnelle au produit tiré de l'infraction

63. Assiette de l'amende proportionnelle au produit tiré de l'infraction. Seconde donnée numérique de l'amende proportionnelle[3] au produit tiré de l'infraction, l'assiette de

1 Art. 1a de la Convention relative au blanchiment, au dépistage, à la saisie et à la confiscation des produits du crime et au financement du terrorisme précitée.

2 Camus, A. (1944). Sur une philosophie de l'expression. *Poésie 44,* 17. p.15-23.

3 La première étant le coefficient multiplicateur : Bernardi., A. (1990). L'amende dans une perspective européenne. art. cit.

l'amende proportionnelle au produit tiré de l'infraction est liée, comme son nom l'indique, au produit tiré de l'infraction. De fait, la détermination de cette assiette dépend nécessairement de l'identification (§1) puis de l'évaluation (§2) de ce dernier, celles-ci se révélant toutes deux complexes en l'absence de définition intelligible de la notion.

§1 : Une identification délicate du produit tiré de l'infraction

64. Nécessité d'une identification du produit tiré de l'infraction. Parce que l'assiette de l'amende proportionnelle au produit tiré de l'infraction est, par définition, le produit tiré de l'infraction, il relève du truisme que d'affirmer que son identification est nécessaire. En effet, le prononcé d'une amende proportionnelle dont l'assiette ne serait identifiée avec précision relève au mieux de l'incertitude, au pire de l'arbitraire, tous deux n'ayant aucunement leur place au sein du droit pénal français. A ce titre, il est d'ailleurs à noter que le juge prononçant une amende dont le montant est indexé sur l'objet de l'infraction doit alors en préciser la valeur[1]. Une telle exigence pourrait et devrait alors être transposée s'agissant du produit tiré de l'infraction[2] puisque la différence induite par une solution contraire ne se justifierait pas. Toutefois, si l'identification du produit tiré de l'infraction est nécessaire pour déterminer l'assiette de l'amende proportionnelle et donc le montant de celle-ci, elle n'en est pas moins exempte de toute difficulté.

65. Difficultés liées à l'identification du produit tiré de l'infraction au sein du patrimoine de l'auteur. Parmi ces difficultés[3], il est possible de citer la fongibilité inhérente à

---

1 Cass. crim., 22 janvier 1948, Bull. crim. n° 26 ; Cass. crim., 30 septembre 1991, Gaz. Pal. 1992.

2 Rapp. Cass. crim., 12 juillet 2016, n° 15-83.355.

3 Il est également possible de citer le cas où le produit tiré de l'infraction n'est pas un gain financier mais une économie réalisée par l'auteur de l'infraction. Dans ce cas, le produit n'apparaît tout

certains produits puisqu'elle représente une entrave de taille à une identification précise du produit tiré de l'infraction[1] au sein du patrimoine de l'auteur. Par exemple, lorsque le produit tiré de l'infraction est une somme d'argent[2], cette dernière va nécessairement se fondre avec l'argent déjà présent dans le patrimoine de l'auteur. Or, comment distinguer avec précision les sommes qui découlent de l'infraction de celles qui proviennent d'activités licites, à tout le moins légales ? La tâche semble ardue et quelque peu hasardeuse. Il pourrait être avancé que, dans cette hypothèse, l'étude de la date, du montant ou encore de l'émetteur du virement – ou du dépôt – suffirait à révéler les sommes délictueuses. Toutefois, cette affirmation, candide, est utopique au regard de la technicité indéniable des montages financiers[3] et des dispositifs de dissimulation mis en place[4].

Seconde difficulté, et non des moindres, la mise en œuvre parfois délicate des enquêtes patrimoniales. Ces dernières, visant à recenser l'actif et le passif inscrits au patrimoine de l'auteur d'une infraction, sont une arme de taille dans l'identification du produit tiré de l'infraction puisque celle-ci nécessite de savoir avec précision ce dont le délinquant dispose pour identifier les biens dont l'existence dépend de la

---

simplement pas au sein du patrimoine, raison pour laquelle l'identification de celui-ci s'avère délicate. Il aurait également été possible de s'intéresser à la dématérialisation du crime : Senat, D. (2020). La confiscation du produit de l'infraction. *Annales de l'Institut de criminologie et de sciences pénales Roger Merle.* Vol. 1. p. 197-204.

1 Pour rappel, pour être qualifié de produit de l'infraction, il faut que le bien en question ait un lien direct ou indirect avec l'infraction puisque, en son absence, il ne peut être considéré comme un produit : Cass. crim., 18 mars 2020, n°18-86.491.

2 Detraz, S., Salomon, R. (2021). *Précis de droit pénal fiscal*. op. cit.

3 Pons, N. (2021). La corruption, comment ça marche ? Fraudes, évasion fiscale, blanchiment. *Sécurité globale*, n°26, p.133-137.

4 Sivieude, O. (2018). Comment lutter efficacement contre la fraude fiscale aujourd'hui ?. *Gestion & Finances Publiques*, n°3, p.35-42.

commission d'une infraction. Or, en cas de patrimoine situé à l'étranger, l'enquête patrimoniale nécessite la coopération des autorités étrangères, ce qui pose parfois difficulté[1]. De plus, d'habiles organisations de patrimoines pourraient mettre en échec de telles enquêtes en ne rendant pas compte du véritable patrimoine détenu par le condamné.

66. Présomption du statut de produit de l'infraction. Aussi, afin de pallier ces difficultés, l'article 324-1-1 du Code pénal dispose, dans le cas particulier du blanchiment, que « les biens ou les revenus sont présumés être le produit direct ou indirect d'un crime ou d'un délit dès lors que les conditions matérielles, juridiques ou financières de l'opération de placement, de dissimulation ou de conversion ne peuvent avoir d'autre justification que de dissimuler l'origine ou le bénéficiaire effectif de ces biens ou revenus ». Ce faisant, le législateur vient ici poser une véritable présomption de statut de produit tiré de l'infraction qui n'est toutefois pas générale puisqu'elle n'a pas vocation à s'appliquer à toutes les infractions[2] mais simplement à simplifier la preuve de l'origine illicite de l'objet de l'infraction de blanchiment afin de faciliter sa caractérisation. Elle permet ainsi, même si ce n'est que dans le cadre restreint du blanchiment, une identification plus aisée du produit tiré de l'infraction. Une telle présomption gagnerait-elle pour autant à être transposée au sein des dispositions générales du Code pénal ? Sans doute pas. En effet, soit le produit tiré de l'infraction ne fait l'objet d'aucune de ces opérations et, dans ce cas, la présomption ne s'appliquerait pas, soit ce même produit tiré de l'infraction fait l'objet d'une de ces opérations et, dans ce cas, la présomption posée par l'article 324-1-1 du Code pénal suffit alors. De même, une présomption affirmant que « les biens ou les revenus présents dans le patrimoine de l'auteur sans qu'il ne puisse en justifier l'origine sont présumés être le produit direct

1 V. annexe n°4 : Interview en date du 28 avril 2023 de M. Moynot Charles, Premier vice-président adjoint et coordonnateur de la JIRS au Tribunal Judiciaire de Bordeaux.

2 En témoigne sa position au sein du livre III du code pénal relatif aux infractions contre les biens et non au sein du libre I relatif aux dispositions générales.

ou indirect d'un crime ou d'un délit » pourrait être envisageable mais elle se heurterait nécessairement aux difficultés inhérentes à l'identification du produit tiré de l'infraction puisqu'elle suppose d'avoir un accès complet au patrimoine de l'auteur de l'infraction. De fait, sans doute n'est-il pas pertinent de prévoir une telle présomption de statut de produit de l'infraction au sein des dispositions générales du Code pénal, d'autant que ce dernier, s'il se distingue aisément de l'instrument, est parfois confondu avec l'objet de l'infraction.

67. Instrument et produit : des notions autonomes. Malgré leur proximité, le produit de l'infraction ne doit pas être assimilé à son instrument puisque ce dernier renvoie à « tout bien qui a servi à commettre l'infraction »[1]. Or, puisque le produit doit prendre naissance dans la commission de l'infraction pour exister[2], il ne peut préexister à celle-ci et être utilisé pour en faciliter la commission de sorte que la confusion entre ces deux notions est très rare. Toutefois, le constat est tout autre lorsqu'il est question de l'objet de l'infraction.

68. Objet et produit de l'infraction : un diptyque sibyllin. Étranger à toute définition légale[3], l'objet de l'infraction désigne « les biens sur lesquels a porté l'infraction »[4] ou encore « le bien ayant été la cible du délinquant »[5] mais certains, en raison du lien qu'il possède avec l'infraction, ont pu le

1 Almaseanu, S. (2017). Le refus de restitution de l'instrument ou du produit de l'infraction en procédure pénale. *Gaz. Pal.*, n° 282, p. 16.

2 V. supra §14.

3 Ascensi, L. (juillet 2020). A la recherche de l'objet de l'infraction – Réflexions sur le troisième alinéa de l'article 131-21 du Code pénal. *La lettre juridique,* n°832.

4 Almaseanu, S. (2018). La protection du propriétaire de bonne foi en cas de confiscation du produit ou de l'objet de l'infraction. art. cit.

5 Peter, M. (2018). *Les saisies pénales spéciales. Une évolution majeure pour une stratégie pénale patrimoniale repensée.* [Thèse de doctorat, Université Aix-Marseille].

rapprocher du produit[1], allant parfois jusqu'à confondre ces deux notions[2]. Aussi, a pu être affirmé que le produit direct de l'infraction ne serait autre que son objet et toutes ses transformations ultérieures en constitueraient le produit indirect[3]. A titre d'exemple, dans le cas particulier d'un vol portant sur un collier, ce dernier représente tant ce sur quoi porte l'infraction, à savoir l'objet, que ce qui en découle pour l'auteur, à savoir le produit, puisqu'il en a désormais la possession. Cette confusion, parfois entretenue par la jurisprudence[4], est amplifiée par le fait que la qualification d'un bien en objet de l'infraction n'est pas fermement fixée dans le temps puisque le produit d'une première infraction peut parfaitement devenir l'objet de la seconde de sorte qu'un même bien est alors successivement qualifié de produit puis d'objet de l'infraction[5]. Toutefois, ces deux notions ne renvoient pas pour autant à la même réalité, en attestent les textes législatifs opérant une nette distinction entre l'objet et le produit de l'infraction[6]. En effet, si le premier est au cœur de l'infraction, le second en découle[7] de sorte qu'ils ne peuvent raisonnablement être confondus.

69. Proposition d'une définition du produit tiré de l'infraction. Ainsi distinct de l'objet de l'infraction et renvoyant à la « valeur économique fournie par une chose, un

1 Matsopoulou, H. (1995). La confiscation pénale dans le nouveau code pénal. *RSC*, n°12, p.301.
2 Segonds, M. (2020). A la recherche d'une définition du produit de l'infraction (selon la loi pénale). art. cit.
3 Ibid.
4 Cass. crim., 29 janvier 2020, n°17-83.577 s'agissant du produit de la soustraction au paiement de l'impôt.
5 De Jacobet De Nombel, C. (juillet 2022). Blanchiment. *J. Cl. Pén. des affaires*, fasc. N°10, §20.
6 A titre d'exemple, l'article 131-21 du code pénal relatif à la confiscation affirme que cette peine complémentaire porte sur « tous les biens qui sont l'objet ou le produit direct ou indirect de l'infraction ».
7 Ascensi, L. (juillet 2020). A la recherche de l'objet de l'infraction. art. cit.

bien ou un service, objet de l'infraction »[1], le produit de l'infraction pourrait alors être défini comme l'augmentation – ou l'absence de diminution en cas d'économie réalisée – du patrimoine de l'auteur causée par la commission d'une infraction. Aussi, désigner comme produit de l'infraction une voiture, une somme d'argent ou encore un immeuble ne serait qu'un habile tour de passe-passe ne servant qu'à rendre tangible, à tout le moins concrète, cette augmentation pour l'autorité de poursuite et le justiciable. En effet, il est toujours plus simple d'affirmer que le produit de l'infraction est un bien, possédant une réalité matérielle, ou une somme d'argent, que tout un chacun est en mesure de se représenter[2], que l'augmentation, réelle ou artificielle[3], d'un patrimoine, concept pour le moins abstrait. Cette définition a ainsi le mérite de permettre une distinction nette entre l'objet et le produit de l'infraction puisque le premier renverrait, comme tel est le cas actuellement, au bien ou aux sommes sur lesquels porte l'infraction et le second à l'augmentation du patrimoine de l'auteur qui en découle[4].

70. Transition. Outre l'identification du produit tiré de l'infraction, rendue complexe par la confusion des notions de

1 Segonds, M. (2020). A la recherche d'une définition du produit de l'infraction (selon la loi pénale). art. cit.

2 Bien que des réserves puissent être émises au regard du montant de certaines de ces sommes.

3 Est ici entendue comme augmentation artificielle l'absence de diminution du patrimoine lorsque le produit de l'infraction est une économie réalisée. En effet, le patrimoine de l'auteur de l'infraction n'est pas réellement augmenté puisqu'il demeure identique mais tel est le cas alors même qu'une partie de celui-ci aurait du lui être amputée. Aussi est-il possible de considérer qu'il s'agit d'une augmentation artificielle puisque la valeur totale du patrimoine se trouve être supérieure, alors même qu'il est resté identique, à celle qu'elle aurait normalement dû être sans la commission de l'infraction.

4 Ainsi, pour reprendre l'exemple précédemment évoqué du vol de collier, l'objet du vol demeurerait le collier et le produit de l'infraction serait alors la valeur de l'augmentation du patrimoine du voleur en lien avec la valeur du collier volé.

produit et d'objet mais également par les difficultés pratiques inhérentes à la reconnaissance de ce même produit parmi les biens présents dans le patrimoine du condamné, les obstacles à une détermination satisfaisante de l'assiette de l'amende proportionnelle au produit tiré de l'infraction résident également dans l'évaluation de ce dernier.

§2 : Une évaluation complexe du produit tiré de l'infraction

71. Importance de l'évaluation du produit tiré de l'infraction. Tout comme l'identification du produit issu de l'infraction est nécessaire au prononcé de l'amende proportionnelle au produit tiré de l'infraction, son évaluation, c'est-à-dire la pratique ayant pour objet la détermination de la valeur d'un bien[1], s'avère fondamentale. En effet, l'amende encourue par l'agent étant calculée sur la base du produit de l'infraction, la détermination de sa valeur doit être la plus précise et la plus exacte possibles puisque le moindre écart entre la valeur réelle du bien et la valeur déclarée par les experts pourrait avoir un impact considérable sur le montant de l'amende, et ce, d'autant plus que le coefficient multiplicateur est important. De fait, les conditions de réalisation de l'évaluation du produit tiré de l'infraction se révèlent essentielles.

72. Conditions de l'évaluation du produit tiré de l'infraction. Parmi l'ensemble des conditions relatives à l'évaluation du produit tiré de l'infraction, la temporalité de celle-ci se révèle être primordiale. En effet, selon la période retenue pour procéder à cette évaluation, le produit de l'infraction peut avoir subi soit une dépréciation, soit une revalorisation de sorte que la valeur de l'assiette pourrait en être drastiquement modifiée. A titre d'exemple, un immeuble produit d'une corruption n'avait pas la même valeur en 2003 qu'en 2009 pendant la crise des subprimes qui a provoqué un

1 Lévy, A. (2009). L'évaluation créatrice de valeur. *Nouvelle revue de psychosociologie*, n°8, p.93-103.

effondrement des marchés de l'immobilier[1]. Aussi, deux moments sont envisageables que sont le jour de commission de l'infraction et le jour de l'engagement des poursuites. Une atteinte à la prévisibilité de la peine pouvant être à déplorer dans le second cas, la doctrine[2] puis la pratique se sont orientées vers la première option, à savoir l'évaluation du bien constitutif du produit de l'infraction au jour de commission de l'infraction, à l'image de ce qu'il se fait en matière de confiscation[3]. Par conséquent, il est logique que l'estimation de la valeur du produit tiré de l'infraction soit préservée de l'inflation[4].

En outre, il est également intéressant de se pencher sur les acteurs de cette évaluation puisque ceux-ci jouent un rôle majeur en son sein. Faute de disposition spécifique concernant ses protagonistes, il est possible de penser que les autorités d'enquête et de poursuites recourent à des experts mais rien ne semblait être harmonisé au niveau national, ce qui causait une certaine « confusion auprès des services d'enquête »[5]. Aussi faut-il se réjouir de la création, par un décret du 16 mai 2019[6], d'un service national d'enquête judiciaire des finances[7] composé de magistrats, de membres de la direction générale des finances publiques et de membres de la direction générale des douanes[8] chargés de fournir une expertise financière, douanière

1 Nappi-Choulet, I. (2013). La financiarisation du marché immobilier français : de la crise des années 1990 à la crise des subprimes de 2008. *Revue d'économie financière*, n°110, p.189-206.

2 Le Poittevin, G. (1916). *Journal des Parquets,* p.58.

3 Camous, E. (2011). Art. 131-21 et 131-21-1. *J. Cl. Pénal*, fasc. n°20.

4 Cass. crim., 11 septembre 2019, n°19-81.040.

5 Camous, E. (2019). Evaluer le montant de la peine patrimoniale, prochain défi de la lutte contre les enrichissements illicites. art. cit.

6 Décret n° 2019-460 du 16 mai 2019 portant création d'un service à compétence nationale dénommé « service d'enquêtes judiciaires des finances ».

7 Detraz, S. (2019). Création du service d'enquête judiciaire des finances (SEJF). *Droit pénal.*

8 Ibid art.2.

ou encore fiscale à l'autorité judiciaire. Ainsi, épaulés, les enquêteurs peuvent procéder à l'évaluation la plus juste possible du produit tiré de l'infraction même si des difficultés subsistent.

73. Les difficultés liées à l'évaluation du produit tiré de l'infraction. Exception faite des sommes d'argent, pour lesquelles l'évaluation semble relativement aisée[1], les autres produits de l'infraction impliquent une complexité indéniable dans leur évaluation. En effet, sauf à découvrir l'infraction dès la consommation de celle-ci, l'évaluation du produit tiré de l'infraction est nécessairement postérieure à son entrée dans le patrimoine de l'auteur obligeant, de fait, les experts à se prononcer rétrospectivement sur la valeur d'un bien. Or, se prononcer sur la valeur d'un immeuble dix, vingt ou trente ans après s'avère quelque peu périlleux, notamment lorsque celui-ci a disparu ou qu'il n'a pas connu une dégradation stable de son état[2].

Seconde difficulté, en ce qu'elles ne sont pas une revalorisation positive du produit mais qu'elles existent par elles-mêmes au sein du patrimoine de l'auteur, faut-il prendre en compte les recettes générées par le produit tiré de l'infraction dans l'évaluation de ce dernier ? La logique inhérente à l'évaluation du produit inviterait à penser que non puisque celles-ci n'existent pas au jour de la commission de l'infraction mais cela reviendrait à permettre au délinquant de s'enrichir grâce à ces mêmes recettes si elles ne sont pas prises en compte dans le calcul de l'amende proportionnelle. En effet, dans le cas où le produit de l'infraction est un immeuble, le délinquant peut encaisser les loyers qu'il permettrait d'engranger et finalement s'enrichir, même une fois condamné, si ceux-ci ne sont pas inclus dans l'évaluation du produit de l'infraction puisque la détermination de l'amende proportionnelle en serait alors décorrélée. Malheureusement, aucune réponse n'est donnée par

1 Lagoutte, J. (2018). La répression du profit illicite. art. cit.
2 En cas d'incendie ou de dégât des eaux par exemple.

le législateur[1], aussi est-il pertinent de se tourner vers un ordre juridique supra-national pour tenter de résoudre ce problème. A ce titre, le législateur européen répond par l'affirmative puisqu'il affirme que le produit « comprend tout réinvestissement ou toute transformation ultérieurs des produits directs et tout autre gain de valeur »[2] et notamment les « gains indirects »[3]. Toutefois, il est possible de douter qu'une telle solution soit reprise telle quelle au sein du système juridique français puisqu'elle impliquerait une remise en cause de la solution selon laquelle l'évaluation de la valeur du produit se fait au jour de la commission de l'infraction et non au jour des poursuites. Ainsi, de nouveau, un doute subsiste alors qu'il devrait être intolérable au regard des conséquences qui résultent, pour les justiciables, de la mise en œuvre de la machine pénale.

74. Conclusion de la section. Par définition, la détermination de l'assiette de l'amende proportionnelle au produit tiré de l'infraction passe, nécessairement, par l'identification puis l'évaluation de ce dernier puisqu'il sert de base au calcul de l'amende indexée. Or, tant l'identification que l'évaluation se révèlent délicates en l'absence de règles claires posées en la matière, ce qui fait naître une insécurité juridique de taille et contraire aux principes directeurs du droit pénal au détriment du justiciable.

75. Conclusion du chapitre. Dire que le produit tiré de l'infraction est un objet juridique non identifié n'a, malheureusement, rien d'une hyperbole. Symbole du désintérêt du législateur face à cette notion, elle ne possède aucune définition ou, plutôt, possède pléthore de définitions diverses et

1 Segonds, M. (2020). A la recherche d'une définition du produit de l'infraction (selon la loi pénale). art. cit.

2 Article 2§1 de la directive 2014/42/UE du Parlement européen et du Conseil du 3 avril 2014 concernant le gel et la confiscation des instruments et des produits du crime dans l'Union européenne.

3 Article 11de la directive 2014/42/UE du Parlement européen et du Conseil du 3 avril 2014 concernant le gel et la confiscation des instruments et des produits du crime dans l'Union européenne.

variées, toutes différentes les unes des autres et dont il ne ressort aucun ensemble cohérent légalement établi. Loin d'être un simple oubli sans importance, cette lacune législative constitue une entrave de taille à une détermination facilitée de l'assiette de l'amende, alors même qu'il s'agit d'un élément central de celle-ci, puisque tant l'identification que l'évaluation du produit s'en trouvent complexifiées.

76. Conclusion de la première partie. « Une peine efficace », voilà l'épitaphe qu'inscriraient sur la tombe de l'actuelle peine d'amende proportionnelle au produit tiré de l'infraction les plus idéalistes alors que les plus réalistes écriraient, quant à eux, « une peine prometteuse mais décevante ». A n'en pas douter, le législateur se range parmi les premiers, faute de quoi il n'aurait pas intégré cette peine au sein du système juridique français. Il est vrai que, d'un point de vue théorique, la peine d'amende proportionnelle au produit tiré de l'infraction est une peine qui se veut particulièrement dissuasive et répressive au regard des modalités de détermination du quantum qu'elle permet de mettre en œuvre. En pratique, cependant, le constat est tout autre au regard du manque d'efficience de cette peine[1] ainsi que du défaut de définition et de contours nets de la notion de produit conduisant à une détermination délicate de l'assiette de l'amende proportionnelle au produit tiré de l'infraction, ce qui ne manque pas de décevoir. Tel n'est toutefois pas l'unique argument en faveur d'une suppression, ou d'une réforme, de la peine d'amende proportionnelle au produit tiré de l'infraction telle que présentée actuellement par le législateur puisque son maniement se révèle particulièrement délicat.

---

1 Qui n'est pas propre à la peine d'amende proportionnelle au produit tiré de l'infraction, il est vrai, mais qui contribue grandement au désenchantement qu'elle suscite.

SECONDE PARTIE : Les dysfonctionnements manifestes de la peine d'amende proportionnelle au produit tiré de l'infraction

77. Incompatibilité et inefficacité de la peine d'amende proportionnelle au produit tiré de l'infraction. Malgré les perspectives séduisantes offertes par la peine d'amende proportionnelle au produit de l'infraction et vantées par ses partisans, une étude plus poussée de ce mécanisme laisse entrevoir bon nombre de difficultés quant à son maintien au sein du droit pénal français. En l'état, la conciliabilité de cette peine avec les principes et mécanismes inhérents au droit pénal s'avère particulièrement malaisée (Chapitre premier), constat d'autant plus regrettable que son efficacité peut également être remise en cause (Chapitre second).

Chapitre premier – Un mécanisme actuel difficilement compatible avec le droit français

78. L'intégration de la peine d'amende proportionnelle au produit tiré de l'infraction en droit interne en question. Afin d'être légitimement maintenu au sein d'un système juridique, il est nécessaire qu'un mécanisme s'harmonise – s'accorde à tout le moins – avec les autres principes composant ce même ordre juridique. Aussi, l'étude de la peine d'amende proportionnelle au produit tiré de l'infraction conduit à s'interroger sur sa compatibilité tant avec les principes constitutionnels

79. (Section première) qu'avec les mécanismes légaux (Section seconde) prévus en droit interne.

Section première – Une conformité incertaine de la peine d'amende proportionnelle au produit tiré de l'infraction aux principes constitutionnels du droit pénal

80. Prévisibilité et proportionnalité de la peine d'amende proportionnelle au produit tiré de l'infraction. Au regard de la gravité des conséquences qu'elle entraîne pour le condamné, une peine ne peut demeurer dans l'ordre juridique d'un État si celle-ci se révèle contraire aux droits de l'Homme inscrits dans la Déclaration des Droits de l'Homme et du Citoyen. De fait, si le Conseil constitutionnel ne s'est encore jamais prononcé sur la constitutionnalité de la peine d'amende proportionnelle au produit tiré de l'infraction[1], celle-ci doit ainsi respecter les exigences de prévisibilité (§1) et de proportionnalité (§2) issues de l'article 8 de ce texte fondateur de la République française et inhérentes à toute peine.

§1 : Une prévisibilité incertaine de la peine d'amende proportionnelle au produit tiré de l'infraction

81. La prévisibilité de la peine : conséquence de l'exigence de légalité. D'ores et déjà mentionnée[2], l'influence de la Cour européenne des droits de l'Homme sur le principe de légalité criminelle applicable en droit français est incontestable puisqu'elle a permis d'aller au-delà de la simple légalité formelle – prévue par l'article 8 de la Déclaration des Droits de l'Homme et du Citoyen[3] – en lui ajoutant une dimension

1 Ingrain, C., Lorrain, R., Voss, M. (2021). L'amende proportionnelle : état des lieux. art. cit.

2 V. supra n°58.

3 Permettant ainsi au principe de légalité criminelle de jouir d'une assise constitutionnelle depuis Cons. const., 16 juillet 1971, n°71-44 DC.

matérielle[1]. Ainsi, pour être conforme au principe de légalité, la loi pénale doit désormais présenter un certain nombre de qualités formelles[2] au titre desquelles apparaît la prévisibilité de la répression[3]. Corollaire du principe de légalité[4] dont le Conseil constitutionnel est garant, cette dernière implique que le justiciable puisse connaître, avant le passage à l'acte, les comportements engageant sa responsabilité pénale ainsi que les peines qui y sont attachées avec, si besoin, l'intervention d'un conseil[5] pour l'éclairer en cas de difficulté. Pour ce faire, la norme doit donc répondre à des exigences de clarté et de précision puisque si l'incrimination est claire alors la peine l'est également[6] et est donc, par voie de conséquence, prévisible pour l'agent. Si le justiciable doit ainsi pouvoir anticiper le quantum de la peine qu'il encourt, la prévisibilité est nécessairement limitée lorsque est en cause la peine effectivement prononcée par les juridictions de jugement[7].

82. Fluctuation inévitable de la peine lors de son prononcé. Consécration d'une nomophilie[8] démesurée et d'une défiance envers les juges emblématiques de la période révolutionnaire[9], le droit pénal des années 1790 à 1810 se basait sur l'existence de peines fixes[10] et étaient ainsi les mêmes pour tous car uniquement déterminées par la loi, retirant ainsi tout pouvoir de

---

1 CEDH, Kafkaris c/ Chypre, 12 février 2008.

2 Expression tirée de Décima, O., Detraz, S., & Verny, É. (2022). *Droit pénal général.* op. cit.

3 CEDH, Cantoni c/ France, 15 novembre 1996.

4 Dulin, F-X. (2019). Le rôle du parquet dans le choix de la sanction des infractions économiques et financières. *AJ Pénal*, n°1, p.15.

5 CEDH, Jorgic c/ Allemagne, 12 juillet 2007.

6 Lagoutte, J. (2018). La répression du profit illicite. art. Cit.

7 Décima, O., Detraz, S., & Verny, É. (2022). *Droit pénal général.* op. cit.

8 Duclos-Grécourt, M.-L. (2014). L'idée de loi au XVIIIe siècle dans la pensée des des juristes français (1715 – 1789). Coll. Thèses, PU Juridiques de Poitiers.

9 Carbasse, J. (2014). De la réforme pénale à la Révolution de la justice. *Histoire du droit pénal et de la justice criminelle*. PUF, p. 411-458.

modulation aux juges[1]. Toutefois, ce système a par la suite été aboli afin de permettre au juge pénal de moduler la peine au moment de son prononcé[2] lui offrant donc plus de liberté, qui n'est cependant pas totale puisque son choix demeure cantonné aux bornes posées par la loi[3] conformément au principe d'interprétation stricte de la loi pénale[4]. Si cette personnalisation de la peine par le juge a le mérite de permettre l'individualisation de la peine – exigence constitutionnelle[5] – elle présente l'inconvénient de réduire la prévisibilité de la peine pour le justiciable puisqu'il demeure libre de moduler la peine prononcée tant dans son quantum que dans sa mise en œuvre[6]. L'imprévisibilité de la peine prononcée est donc inéluctable mais puisqu'elle a lieu en faveur du délinquant, il y a tout lieu de penser qu'une limite au principe de prévisibilité de la loi pénale puisse être tolérée.

---

10 Lormant, F. (2019). La Révolution du Droit pénal (1791-1810). *Mél.* en *l'honneur de Christian Dugas de la Boissonny.* PUN-Edulor, p. 145-168.

1 Le juge devient alors un juge automate qui se contente d'appliquer la loi selon la célèbre maxime de Montesquieu affirmant que « les juges de la nation ne sont que la bouche qui prononce les paroles de la loi, des êtres inanimés, qui n'en peuvent modérer ni la force ni la rigueur » : Depambour-Tarride, L. (2001). Le juge dans la longue durée. *Droits*, n°34, p.41-50.

2 Art. 132 – 1 al. 3 du code pénal : « Dans les limites fixées par la loi, la juridiction détermine la nature, le quantum et le régime des peines prononcées en fonction des circonstances de l'infraction et de la personnalité de son auteur ainsi que de sa situation matérielle, familiale et sociale » .

3 Art. 111 – 2 al. 1 du code pénal : « La loi détermine les crimes et délits et fixe les peines applicables à leurs auteurs ».

4 Art. 111 - 4 : « la loi pénale est d'interprétation stricte ».

5 Cons. const., 22 juillet 2005, n°2005-520 DC - Loi précisant le déroulement de l'audience d'homologation de la comparution sur reconnaissance préalable de culpabilité.

6 Il est en effet loisible au juge de recourir à des aménagements de peine lorsque la situation du délinquant répond aux conditions posées par les textes. V. art. 132-19 du code pénal.

83. Une prévisibilité discutable du montant de l'amende proportionnelle au produit tiré de l'infraction. La question de la prévisibilité de la peine se pose avec sérieux concernant l'amende proportionnelle au produit tiré de l'infraction puisqu'elle ne fixe pas de quantum chiffré permettant de savoir à l'avance et avec exactitude ce qu'encourt l'agent qui se rend responsable de la commission d'une infraction punie d'une telle peine. En effet, si le mode de calcul[1] du quantum maximum de cette peine est bel et bien fixé par la loi[2], l'imprécision des termes qui le composent et la discrétion autour de ses modalités de calcul sont autant d'obstacles au respect du principe de prévisibilité imposé à toute peine. Le montant de l'amende proportionnelle au produit tiré de l'infraction ne ressortant pas explicitement du texte d'incrimination[3], il est primordial que le mode de calcul soit suffisamment clair et précis pour que l'agent puisse savoir avec exactitude ce qu'il encourt s'il transgresse la loi pénale. Or, l'imprévisibilité du montant de l'amende résulte tant de l'absence totale de quantum – ce qui n'est pas le cas ici – que de « critères d'application ambigus, obscurs ou d'appréhension délicate »[4] de ce dernier. Aucune définition de la notion de produit tiré de l'infraction n'étant donné par les textes, la détermination du maximum encouru semble délicat puisque l'assiette de l'amende, donnée numérique dont l'importance ne fait aucun doute, est difficile à identifier et mesurer[5]. En l'absence d'une telle évaluation, l'auteur de l'infraction ne peut raisonnablement prévoir la peine à laquelle il risque d'être condamné dès lors qu'il lui manque une des deux données nécessaires au calcul de son montant. De plus, les juges restant discrets quant au mode de calcul du montant de l'amende proportionnelle au produit tiré de l'infraction prononcée, une publicité des facteurs majorants et

1 Lagoutte, J. (2018). La répression du profit illicite. art. cit.

2 Les textes d'incrimination prenant soin de préciser l'assiette et le coefficient multiplicateur applicables. V., à titre d'exemple, l'article 433-1 du code pénal.

3 Ingrain, C.,Lorrain R., (3 mars 2021). Les dysfonctionnements majeurs de l'amende proportionnelle. art. cit.

4 Bonis-Garçon, É., Peltier, V. (2019). *Droit de la peine*. op. cit.

5 V. supra n°62 et s.

minorants du montant de l'amende – à l'instar de ce qui se fait en matière de CJIP[1] – permettrait d'éclaircir le justiciable et participerait à une prévisibilité plus importante de la peine.

84. Une transposition délicate de la solution issue du droit civil. Face à ces difficultés, certains auteurs[2] ont alors proposé de transposer une solution issue du droit civil : l'assimilation du caractère déterminé au caractère déterminable concernant l'objet du contrat[3]. Finalement, il importerait peu que le quantum de la peine d'amende proportionnelle au produit tiré de l'infraction ne soit pas déterminé tant qu'il peut être déterminable – ce que permet la présence du mode de calcul du quantum de l'amende au sein du texte d'incrimination. Toutefois, les difficultés inhérentes à l'identification et à l'évaluation de l'assiette[4] demeurent de sorte qu'il soit également possible de douter du caractère simplement déterminable du quantum de cette peine particulière.

En outre, une transposition de solutions issues du droit civil au droit pénal peut être critiquable dès lors que les enjeux derrière ces deux matières ne sont pas les mêmes. En effet, si tous deux relèvent du droit privé[5], seul le droit pénal relève d'une logique répressive pouvant se montrer particulièrement attentatoire aux droits et libertés de chacun. Or, au regard des conséquences inhérentes à la mise en œuvre du droit pénal, se contenter d'un caractère simplement déterminable du quantum de la peine ne semble pas souhaitable[6], voire tout à fait regrettable dès lors qu'en pâtit la sécurité juridique due à tout justiciable.

---

1 V. Ministère de la Justice (2023). Lignes directrices sur la mise en œuvre de la Convention judiciaire d'intérêt public.

2 Lagoutte, J. (2018). La répression du profit illicite. art. cit.

3 Art. 1163 du code civil – Aynès, L., Malaurie, P. (2022). *Droit des obligations* (12e éd.). LGDJ.

4 V. supra n°62 et s.

5 Lebrun, P. (2011). Le droit et l'arborescence du droit. *Guide pratique du droit de la famille et de l'enfant en action sociale et médico-sociale.* Dunod, p.3-30.

6 Bien que cette situation soit admise par la CJUE : CJUE, 22 mai 2008, C-266/06, Degussa GmbH.

85. Incertitude à relativiser ? Si le manque de prévisibilité semble donc inhérent à une peine d'amende proportionnelle au produit tiré de l'infraction aux contours flous, des garde-fous ont toutefois été posés. A ce titre, a notamment été précisé que l'inflation ne trouvait pas à s'appliquer à l'assiette de cette amende[1], celle-ci ne pouvant légitimement être prévue par l'auteur des faits au moment de la commission de l'infraction alors qu'elle aurait un impact conséquent sur le montant de l'amende encourue – la hausse de la valeur de l'assiette entraînant logiquement la hausse proportionnelle de l'amende calculée à partir de cette dernière.

En outre, pour être validée par le Conseil constitutionnel, il est nécessaire que l'amende proportionnelle possède un lien avec les faits à l'origine de la caractérisation d'une infraction[2], faute de quoi son quantum serait trop imprévisible. Or, en ce qui concerne l'amende proportionnelle au produit tiré de l'infraction, le lien avec les faits est évident puisque, pour rappel, le produit de l'infraction renvoie à ce qui résulte de la commission de cette dernière. Le juge étant tenu de préciser la valeur du produit tiré de l'infraction servant de base au calcul de l'amende proportionnelle[3], le risque d'arbitraire diminue garantissant ainsi un minimum de prévisibilité – sans qu'elle ne soit totale ou simplement satisfaisante.

Enfin, lorsque la détermination de l'assiette de l'amende proportionnelle au produit tiré de l'infraction ne peut se faire, le juge peut toujours opter pour le prononcé de l'amende fixe en lien avec l'infraction[4]. Si cela permet une certaine prévisibilité de la sanction effectivement encourue par l'agent, elle ne fait que contourner le problème lié à l'absence de prévisibilité de la peine d'amende proportionnelle au produit tiré de l'infraction,

1 Cass. crim., 11 septembre 2019, n° 18-81.040.

2Cons. Const., 4 décembre 2013, n°2013-679 DC, Jurisdata n°2013-030673.

3Rapp. Cass. crim., 12 juill. 2016, n° 15-83.355.

4Ingrain, C., Lorrain, R., Voss, M. (2021). L'amende proportionnelle : état des lieux. art. cit.

cette dernière n'étant pas rendue plus prévisible par l'existence d'une peine d'amende fixe à ses côtés.

86. Transition. Aussi, est à déplorer l'absence de prévisibilité de la peine d'amende proportionnelle au produit tiré de l'infraction puisque, si elle répond aux exigences de la légalité formelle, sa conformité à la légalité matérielle demeure plus discutable. Toutefois, telle n'est pas la seule entorse faite à un principe constitutionnel applicable au droit pénal puisque l'adéquation de la peine au principe proportionnalité des peines semble également poser question.

§2 : L'épineuse question du caractère proportionné de la peine d'amende proportionnelle au produit tiré de l'infraction

87. Proportionné et proportionnel. A titre liminaire, il est ici important de préciser que si les caractères proportionné et proportionnel d'une sanction dérivent tous deux de la notion clé de proportionnalité[1], il serait toutefois erroné de penser que ces derniers renvoient à une même réalité : une amende peut être proportionnelle sans pour autant être proportionnée. Dans le premier cas, la proportion alléguée induit un rapport mathématique quantitatif alors que, dans le second, l'idée clé est celle d'un rapport qui se veut plus qualitatif[2] entre un dessein et le moyen mis en œuvre pour y parvenir. Dès lors, pour ce qui est de l'amende à taux mobile, elle est bien proportionnelle puisque son montant est déterminé par le biais d'un rapport mathématique variable – en fonction du coefficient multiplicateur choisi par le législateur – compte tenu d'une donnée quantifiable : le produit tiré de l'infraction. Pour autant, est-elle proportionnée ? En d'autres termes, son prononcé – et plus largement encore son appréhension par les acteurs des chaînes judiciaire et législative – permet-il de répondre

1Sordino, M-C. (2012). De la proportionnalité en droit pénal. *Mél. en l'honneur du professeur Jacques-Henri Robert*. LexisNexis. p. 711-735.

2 Ibid.

convenablement aux objectifs assignés à toute peine que sont, pour ne citer qu'eux, la rétribution, la dissuasion ou encore l'amendement du condamné[1] ?

88. Principe de proportionnalité : naissance et définition. Pleinement affiché dans la pensée d'Aristote[2] et sa célèbre *Éthique à Nicomaque*[3], la première manifestation juridique du principe de proportionnalité dans le domaine juridique remonte à la première retranscription écrite d'une loi pénale[4], c'est-à-dire à l'adoption du Code d'Hammourabi[5] en Mésopotamie, il y a de cela quarante siècles[6]. Depuis lors, loin de n'être resté qu'un précepte philosophique, ce principe de proportionnalité s'est particulièrement affirmé au sein du droit allemand[7] avant de se propager à l'ensemble des systèmes juridiques européens[8].

1 Bonis-Garçon, É., Peltier, V. (2019). *Droit de la peine*. op. cit.

2 A qui est attribuée la « paternité de l'idée philosophique de la proportionnalité en droit » : Amat, Q. (2022). *Le principe de proportionnalité en droit de la propriété intellectuelle* [Thèse de doctorat, Université Paris-Est Créteil].

3 Au sein du Livre V, intitulé « Nature de la justice et de l'injustice », Aristote distingue la justice distributive – reposant sur une égalité proportionnelle dans la distribution des honneurs et des richesses dans la cité – et la justice corrective – prenant la forme d'une égalité arithmétique au sein des rapports horizontaux, des transactions privées : Aristote. (1992). *Éthique à Nicomaque.* LGF, coll. Classiques Philo.

4 Zabalza, A. (2018). Le prix, la matière pénale et l'analyse économique du droit. In Claverie-Rousset, C. *Analyse économique du droit et matière pénale*. LexiNexis.

5 La formulation « Si … alors » structurant la loi d'Hammourabi impliquant une réciprocité et une proportionnalité entre le comportement adopté par l'agent et la conséquence qui lui est attachée (la peine).

6 La stèle d'Hammourabi ayant été datée entre -1792 et -1750 av. J.-C.

7 L'article 19 de la Loi Fondamentale de 1949 étant réputé pour reconnaître implicitement un tel principe par la doctrine allemande : Xynopoulos, g. (2003). Proportionnalité. In Alland, D. & Rials, S. *Dictionnaire de la culture juridique*. PUF.

8 Amat, Q. (2022). *Le principe de proportionnalité en droit de la propriété intellectuelle,* op. cit.

Relevant tant de la logique que de la cohérence du droit[1], la proportionnalité renvoie à l'idée d'une technique d'évaluation[2] permettant d'apprécier l'adéquation de la réaction à une action précise[3]. En ce qu'elle refléterait l'idée d'une juste mesure[4], cette exigence de proportionnalité s'applique naturellement à l'ensemble de la matière juridique[5] avec, toutefois, un déploiement particulier en droit pénal.

89. Principe de proportionnalité : application en droit pénal. Réalité tant juridique que philosophique[6] érigée en véritable principe constitutionnel[7] par le prisme de la nécessité de la peine[8] sur le fondement de l'article 8 de la Déclaration des Droits de l'Homme et du Citoyen[9], le principe de proportionnalité irrigue le droit pénal[10] en ce qu'il impose au législateur français une certaine mesure dans l'édiction des

---

1 Philippe, X. (1990). *Le contrôle de proportionnalité dans les jurisprudences constitutionnelle et administrative françaises*. Economica et Presses universitaires d'Aix-Marseille.

2 Terré, F. (15 juin 2009). La proportionnalité comme principe ? *JCP G.*, 25. p. 52-57.

3 Guinchard, S., Debard, T., et autres (2021). Lexique des termes juridiques. op. cit.

4 Poncela, P. (2001). Chapitre introductif : droit, sanction et peine. In Poncela, P. *Droit de la peine*. PUF. p.41 - De Lamy, B. (août 2009). Le principe de la légalité criminelle dans la jurisprudence du Conseil constitutionnel. Doss. La Constitution et le droit pénal. *Cah. Cons. const.* n °26.

5 Pour une illustration en droit civil, voir, à titre d'exemple, l'article 1221 du code civil. Pour une illustration en droit administratif, voir Sauvé, J. (2018). Le principe de proportionnalité, protecteur des libertés ?. *Les Cahiers Portalis*, 5, p.9-21.

6 Saenko, L. (2017). De la proportionnalité de la peine encourue. *Gaz. Pal.,* n°36. p.73-76.

7 Cons. const. 19 et 20 janvier 1981, n°80-127 DC.

8 Saenko, L. (2017). De la proportionnalité de la peine encourue. art. cit.

9 « La loi ne doit établir que des peines strictement et évidemment nécessaires [...] ».

10 Robert, J.-H. (août 2009). La punition selon le Conseil constitutionnel. Doss. La Constitution et le droit pénal. *Cah. Cons. const.* n °26.

peines[1] puisqu'il doit mesurer la sévérité de la sanction à la gravité de l'infraction[2]. Ces dernières, représentant une souffrance pour l'agent qui la subit[3], ne doivent pas être excessives au risque de commettre une injustice[4] au prétexte de rendre la justice. Le caractère fondamental[5] de cette exigence s'explique aisément dès lors que la matière pénale permet de faire fondre sur un homme la machine de l'État afin qu'il réponde de ses actes. A ce titre, il n'est d'ailleurs guère surprenant que les juridictions européennes[6] veillent également au respect d'une adéquation entre un comportement incriminé et sa sanction pénale, la proportionnalité de la peine encourue faisant l'objet tant d'un contrôle de constitutionnalité que de conventionnalité[7].

90. Le délicat contrôle de la proportionnalité de la peine. Si la proportionnalité de la peine « correspond à l'établissement de l'échelle de gravité des délits »[8], le contrôle de celle-ci se révèle pourtant particulièrement délicat[9] au point d'être considéré comme étant impossible par certains[10]. Afin de pallier la difficulté inhérente à l'appréciation de la souffrance du

1 Giacopelli, M., & Ponseille, A. (2019). Droit de la peine. op. cit.
2 Cornu, G. (2022). Vocabulaire juridique. op. cit.
3 Jeanclos, Y. (2012). *La peine : Miroir de la justice.* op. cit.
4 Saenko, L. (2017). De la proportionnalité de la peine encourue. art. cit.
5 Chetard, G. (2013). La proportionnalité de la répression dans la jurisprudence du Conseil constitutionnel. *RSC*, n°1, p.51-71
6 A titre d'exemple, l'article 49§3 de la CDFUE affirme que « l'intensité des peines ne doit pas être disproportionnée par rapport à l'infraction » - Robert, J.-H. (2016). La marée montante de la proportionnalité, note sous Cass. Crim., 16 février 2016, n°15-82.732. JCP G., 14.
7 Robert, J.-H. (2016). La marée montante de la proportionnalité. art. cit.
8 Chetard, G. (2013). La proportionnalité de la répression dans la jurisprudence du Conseil constitutionnel. art.. cit.
9 Saenko, L. (2017). De la proportionnalité de la peine encourue. art. cit.
10 Chetard, G. (2013). La proportionnalité de la répression dans la jurisprudence du Conseil constitutionnel. art. cit.

condamné[1] nécessaire à l'examen de l'adéquation de la sanction au trouble causé à l'ordre social, la juridiction constitutionnelle n'hésite pas à partir d'une présomption de proportionnalité de la peine édictée par le législateur[2]. En effet, usant d'un astucieux tour de passe-passe, le Conseil constitutionnel ne contrôle pas directement la proportionnalité de la peine mais plutôt l'absence du caractère manifestement disproportionnée de celle-ci[3] sur la base de critère prédéfinis[4]. Or, cela implique nécessairement un contrôle lacunaire et donc critiquable, minimal[5], voire illusoire[6]. Ce constat est, en outre, renforcé par l'idée que ce contrôle de proportionnalité ne peut relever d'une logique verticale dans la mesure ou celui-ci ne peut être efficace qu'en prenant en compte l'ensemble des couples « comportement prohibé-peine » présents dans le droit français et non pas uniquement la relation particulière liant un comportement précis et de la peine qui lui est assortie[7].

Initialement l'apanage des juridictions constitutionnelle et européennes[8], la Cour de cassation se montre désormais plus attentive à cette question[9] alors même qu'elle y semblait indifférente jusqu'alors[10]. En effet, exigeant une motivation du

1 Ibid.
2 Ibid.
3 Giacopelli, M., & Ponseille, A. (2019). Droit de la peine. op. cit.
4 L'adéquation de la mesure mise en œuvre, sa nécessité et la proportionnalité *stricto sensu* dans la pesée des intérêts en présence : Cons. const., 21 févr. 2008, n° 2008-562 DC : JurisData n° 2008-010653 – Jeuland, E. (2016). Une approche non utilitariste du contrôle de proportionnalité. *JCP G.* suppl. n° 1-2, p. 24.
5 Chetard, G. (2013). La proportionnalité de la répression dans la jurisprudence du Conseil constitutionnel. art. cit.
6 Saenko, L. (2017). De la proportionnalité de la peine encourue. art. cit.
7 Ibid.
8 Tant la CEDH que la CJUE se sont prononcées sur la question de la proportionnalité des sanctions : Saenko, L. (2017). De la proportionnalité de la peine encourue. art. cit.
9 Ibid.
10 Cass. crim., 8 avril 2009, n°08-83.215

choix de la peine[1], la Haute juridiction de l'ordre judiciaire a permis l'introduction, au sein du droit français, d'un contrôle de la proportionnalité de la peine prononcée[2] venant renforcer celui de la peine encourue. Ainsi, si, auparavant, la proportionnalité de la peine prononcée était déduite du respect, par le juge pénal, des dispositions législatives[3] , tel n'est désormais plus le cas. Agissant en véritable « bouclier » en faveur des droits fondamentaux[4], il est donc heureux qu'une telle exigence de proportionnalité s'impose non plus uniquement au législateur français mais également à celui chargé d'appliquer la loi, à savoir, le juge pénal.

91. Principe de proportionnalité et amende proportionnelle au produit tiré de l'infraction. Le caractère proportionné de la peine d'amende proportionnelle au produit tiré de l'infraction ne pouvant être rationnellement déduit du seul fait qu'elle soit, comme son nom l'indique, proportionnelle, il convient de s'attarder avec plus d'attention sur l'adéquation de cette peine avec l'exigence de proportionnalité imposée en matière pénale[5]. Toutefois, doit être distinguée la proportionnalité de la peine fixée par le législateur et abstraitement encourue de celle de la peine prononcée par une juridiction de jugement à l'encontre d'un individu identifié[6].

---

1 En matière correctionnelle depuis trois arrêts en date du 1er février 2017 : Cass. crim., 1er février 2017, n° 15-83.984 ; Cass. crim., 1er février 2017, n°15-84.511 et Cass. crim., 1er février 2017, n° 15-85.199.

2 Cass. crim., 1er février 2017, n°15-84.511 - Cass. Crim, 16 décembre 2020, n°20-83.309, *Gaz. Pal., 7*, p.53-54 note E. Dreyer.

3 Bonis-Garçon, É., Peltier, V. (2019). *Droit de la peine*. op. cit.

4 Robert, J.-H. (2016). La marée montante de la proportionnalité, art. cit.

5 Cons. const. 19 et 20 janvier 1981, n°80-127 DC.

6 Robert, J.-H. (2016). La marée montante de la proportionnalité, art. cit.

Malgré la volonté du législateur d'assurer les aspects tant dissuasif que répressif de cette sanction[7], l'impératif de mesure s'applique avec d'autant plus de force que le justiciable qui se verrait imposer une telle peine risquerait d'y voir une atteinte démesurée[8] à son patrimoine. A première vue, il semble délicat d'avancer qu'une peine possédant un lien avec ce que l'auteur a retiré de l'infraction[9] puisse être disproportionnée au trouble causé à l'ordre public[10], ce qui conduirait nécessairement à conclure à la proportionnalité de cette peine particulière. Pourtant, une telle affirmation pourrait être discutée puisque les personnes morales encourent parfois jusqu'au vingtuple du produit tiré de l'infraction[11], ce qui est loin d'être dérisoire au regard des sommes ou de la valeur des biens correspondant au produit de l'infraction. Toutefois, jamais la disproportion de cette peine n'a été relevée, ce qui laisse à penser que le législateur demeure respectueux du principe de proportionnalité de la sanction dès lors que l'assiette de l'amende proportionnelle se révèle liée aux faits reprochés à l'auteur[12], et ce, peu importe le choix du coefficient multiplicateur[13].

La pratique judiciaire, quant à elle, serait un terrain plus fertile à l'apparition d'une disproportion de la peine d'amende

7 V. supra n°25 et s.

8 Sordino, M-C. (2012). De la proportionnalité en droit pénal, art. cit.

9 Lagoutte, J. (2018). La répression du profit illicite. art. cit.

10 En effet, le principe de proportionnalité implique que « le législateur [veille] à ce que [le] maximum [de la peine] n'excède pas le trouble à l'ordre public le plus important qu'un tel comportement est susceptible de provoquer » : Dreyer, E. (2021). *Droit pénal général*. op. cit.

11 V. infra n°95.

12 Cons. Const., 4 décembre 2013, n°2013-679 DC, Jurisdata n°2013-030673.

13 La question ne s'est toutefois pas posée pour le moment. De fait, la censure d'une loi établissement un coefficient multiplicateur jugé disproportionné par le Conseil constitutionnel pourrait toutefois intervenir sans, toutefois, une quelconque prévisibilité de cette dernière en l'absence de critères clairs de ce qu'est, ou n'est pas, un coefficient multiplicateur disproportionné.

proportionnelle au produit tiré de l'infraction. Si le principe demeure la libre détermination, dans les limites fixées par la loi, du montant de l'amende par le juge pénal[1], ce dernier doit pour autant veiller à faire preuve de modération dans le prononcé de la peine afin de se situer « entre la loi et la justice »[2]. En effet, à l'aune de la dimension économique indéniable[3] des infractions sanctionnées d'une peine d'amende proportionnelle au produit de l'infraction, les montants de certains produits pourraient conduire au prononcé d'une amende qui s'inscrirait dans le cadre imposé par la loi et qui serait conforme à la gravité de la sanction mais qui se révélerait, pour autant, disproportionnée à l'égard d'un prévenu particulier.

92. Une solution trouvée dans l'individualisation grandissante des peines ? S'imposant au juge pénal[4] en ce qu'il bénéficie d'une valeur constitutionnelle indéniable[5], le principe d'individualisation de la peine pourrait être invoqué au secours d'un contrôle de proportionnalité imparfait. En effet, si la peine doit être proportionnée à la gravité de l'infraction, elle n'aurait toutefois que peu de sens si celle-ci se révélait inadaptée à la situation du condamné, raison pour laquelle existe une proximité indéniable entre proportionnalité et individualisation[6] – ou personnalisation[7] – de la peine. Sous

---

1 Art. 132-1 al. 3.

2 Carbasse J.-M. (1999). Le juge entre la loi et la justice: approches médiévales. *La conscience du juge dans la tradition juridique européenne*. PUF. p.67.

3 Bernardi., A. (1990). L'amende dans une perspective européenne. art. cit.

4 Dreyer, E. (2021). *Droit pénal général* (4e éd.). op. cit.

5 Cons. const., 22 juillet 2005, n°2005-520 DC - Loi précisant le déroulement de l'audience d'homologation de la comparution sur reconnaissance préalable de culpabilité

6 Sordino, M-C. (2012). De la proportionnalité en droit pénal, art. cit.

7 Appellation moderne du principe d'individualisation de la sanction pénale. Le principe de personnalisation « consiste à confier au juge les modalités nécessaires afin d'adapter le prononcé de la sanction à la situation concrète, matérielle et intellectuelle de l'auteur » : Papathéodorou, T. (1993). De

l'influence du mouvement de la défense sociale[1], l'adaptation de la sanction pénale à l'auteur de l'infraction[2] est devenue un dessein incontestable du droit de la peine français dès lors que la fixation de la peine dépend « des circonstances de l'infraction et de la personnalité de son auteur ainsi que de sa situation matérielle, familiale et sociale »[3]. Concernant plus particulièrement la peine d'amende, il est fait obligation au juge de tenir compte tant des ressources que des charges du condamné[4] afin de fixer le montant de celle-ci. Ainsi, grâce à la nécessité d'individualiser la peine, les doutes quant à la proportionnalité de la peine d'amende proportionnelle au produit de l'infraction semblent levés, en partie à tout le moins, faisant de cette dernière une peine respectueuse de l'exigence de proportionnalité de la sanction pénale imposée tant au législateur qu'au juge. En effet, une amende dont le montant demeure lié aux faits commis tout en étant individualisée au stade du jugement constitue une réponse pénale adaptée aux objectifs de répression et de dissuasion de la peine sans, pour autant, être excessive[5]. Toutefois, en l'absence de décision claire des Sages du Conseil constitutionnel, un doute subsiste, ce dernier ne pouvant être levé que par une intervention de leur part.

93. Conclusion de la section. Dès lors, un doute subsiste quant à la conformité de la peine d'amende proportionnelle au produit tiré de l'infraction aux exigences constitutionnelles de prévisibilité et de proportionnalité de la peine. En effet, en raison de son mode de détermination usant d'une méthode de calcul basé sur une assiette aussi floue que ne l'est la notion de produit tiré de l'infraction, il est possible de penser que cette

---

l'individualisation des peines à la personnalisation des sanctions. *RICPTS*. p.107.

1 Sizaire, V. (2017). Que reste-t-il de la défense sociale nouvelle ?. *Rev. sc. Crim.*, p.261.

2 Bonis-Garçon, É., Peltier, V. (2019). *Droit de la peine*. op. cit.

3 Art. 132-1 al. 2 du code pénal.

4 Art. 132-20 al. 2 du code pénal.

5 Braibant, G. (1974). Le principe de proportionnalité. *Mél. offerts à Marcel Waline : le juge et le droit public*. LGDJ. T. II. p.298.

peine d'amende particulière ne respecte pleinement aucun de ces deux principes, d'autant que la justice constitutionnelle ne s'est jamais explicitement exprimée sur la question pour valider, ou non, la constitutionnalité d'une telle amende. Telle n'est toutefois pas la seule expression de l'incompatibilité de l'amende proportionnelle au produit tiré de l'infraction puisque l'étude de sa conciliation avec les mécanismes légaux issus du droit pénal semble également soulever de nombreuses difficultés.

Section seconde – Une conciliation délicate de la peine d'amende proportionnelle au produit tiré de l'infraction avec les mécanismes légaux du droit pénal

94. Articulation délicate entre peine d'amende proportionnelle au produit tiré de l'infraction et autres mécanismes légaux en matière pénale. Tributaire du principe de légalité criminelle, le droit pénal français use essentiellement de la loi pour poser les règles applicables en la matière telles que la responsabilité des personnes morales[1] ou les peines applicables en cas de récidive[2] par exemple. Or, parmi l'ensemble des mécanismes prévus par la loi, nombreux sont ceux qui s'accommodent mal de l'existence de la peine d'amende proportionnelle au produit tiré de l'infraction tant à raison des acteurs impliqués dans la commission de l'infraction (§1) qu'aux conditions de réalisation de celle-ci (§2).

1 Art. 121-2 du code pénal.
2 Art. 132-8 à 132-16-5 du code pénal.

§1 : L'inadaptation de la peine d'amende proportionnelle au produit tiré de l'infraction aux particularités des auteurs

95. Récidivistes. Prévue aux articles 132-8 à 132-15 du Code pénal, la récidive est le « fait pour une personne qui a été condamnée définitivement à une *peine pour une certaine infraction* [...] de commettre une nouvelle infraction, soit de même nature (*récidive spéciale) soit de nature différente (récidive générale), dans un certain délai* (*récidive temporaire) ou quel que soit l'intervalle de temps (récidive perpétuelle)* »[1]. Ce mécanisme est une circonstance aggravante générale[2] puisqu'elle implique l'aggravation de la peine encourue par le récidiviste personne physique ou le récidiviste personne morale : le quantum de l'amende encourue[3] est alors doublé[4]. Dans le cas où le plafond de l'amende est fixé par le législateur, aucun obstacle ne semble se présenter puisqu'il suffit de doubler le montant inscrit dans le texte d'incrimination pour savoir, avec précision, quelle est la peine encourue par le récidiviste. Les difficultés commencent toutefois à émerger lorsque la modalité de fixation de l'amende suit le mécanisme de l'amende proportionnelle. En effet, faut-il considérer que le doublement du quantum lié à la mise en œuvre des règles relatives à la récidive s'applique indifféremment aux amendes fixes et proportionnelles ou bénéficie-t-il d'une quelconque adaptation dans le second cas ? A la lecture des textes, la réponse semble se trouver dans l'indifférence de la modalité de fixation de l'amende, et donc le doublement du quantum en toute situation, puisque aucune disposition ne prévoit une telle

---

1 Pin, X. (2004). La récidive: Aspects juridiques. In Bessoles , P. (2004). *Victimologie et criminologie. Approches cliniques.* Nîmes: Champ social, p.157-168.

2 Bonis-Garçon, É., Peltier, V. (2019). *Droit de la peine*. op. cit.

3 Une aggravation de la peine d'emprisonnement ou de réclusion est également encourue mais, faute d'intérêt pour l'étude de l'amende proportionnelle au produit tiré de l'infraction, elle ne sera pas développée plus en avant.

4 V. par exemple, les art. 132-9, 132-10 ou 132-12 du code pénal.

distinction. De plus, les articles 132-9 et suivants du Code pénal ne précisent nullement que le doublement du quantum est encouru pour le seul maximum fixe de l'amende mais simplement pour le « maximum [...] de l'amende encourue ». Ainsi, si un récidiviste se rend coupable, pour la seconde fois et dans les conditions définies par la loi, d'une corruption passive par exemple, il encourt alors, outre l'amende fixe de deux millions d'euros[1], une amende dont le montant peut être porté au quadruple du produit tiré de l'infraction[2]. Toutefois, une partie de la doctrine a pu se montrer hostile à une telle solution arguant, notamment, de l'inintelligibilité de la loi pénale qu'elle engendrerait[3] puisqu'en l'absence de précisions claires et non équivoques, le doute est permis quant à l'application du doublement du quantum à la peine d'amende proportionnelle au produit tiré de l'infraction. Le justiciable ne pourrait alors pas savoir avec précision ce qu'il encourt en cas de commission de l'infraction, ce qui aurait pour conséquence de porter un coup de taille à la sécurité juridique à laquelle il peut normalement prétendre. En l'état actuel du droit, c'est-à-dire sans de plus amples précisions de la part du législateur ou de la jurisprudence, la conciliation de la peine d'amende proportionnelle au produit tiré de l'infraction avec le mécanisme de la récidive apparaît ainsi délicate. Tel est également le cas, et peut-être même avec plus de force, de la règle du quintuple de l'amende encourue par les personnes morales.

96. Personnes morales : admission du cumul des coefficients multiplicateurs. Conformément à l'article 131-38 du Code pénal, « le taux maximum de l'amende applicable aux personnes morales est égal au quintuple de celui prévu pour les personnes physiques par la loi qui réprime l'infraction ». Même difficulté que celle évoquée concernant les récidivistes, la règle

1 Soit le double du quantum de l'amende fixe posé par l'article 432-11 du code pénal.

2 Le double du double du produit tiré de l'infraction étant, en toute logique, le quadruple de celui-ci.

3 Ingrain, C., Lorrain, R., Voss, M. (2021). L'amende proportionnelle : enjeux. art. cit.

du quintuple applicable aux personnes morales doit-elle s'appliquer lorsque la peine encourue par les personnes physiques est une amende proportionnelle au produit tiré de l'infraction ? Il serait tentant d'éviter cette question en postulant que, cette peine étant toujours accompagnée d'une peine d'amende fixe, la règle du quintuple s'appliquerait sans mal à celle-ci de sorte qu'il n'y aurait nul besoin de s'interroger sur l'applicabilité d'une telle règle à l'amende indexée qui l'accompagne. Toutefois, cela reviendrait à user d'un tour de passe-passe intellectuel et le problème soulevé ici demeurerait sans réponse, laissant le justiciable face à une incertitude intolérable en droit pénal.

Pour tenter d'apporter une réponse au doute existant quant à l'applicabilité du quintuple aux amendes encourues par les personnes morales, il est possible d'avancer que l'emploi du terme « taux » au sein de l'article 131-38 du code de procédure pénale laisse à penser que la combinaison de ces deux coefficients multiplicateurs[1] est envisageable puisqu'il renverrait à l'idée d'un montant aléatoire[2] et non d'un montant nécessairement fixe, permettant ainsi d'inclure le quantum découlant de l'application du mécanisme de l'amende proportionnelle au produit tiré de l'infraction. De fait, une personne morale jugée coupable d'une fraude fiscale simple[3] pourrait voir prononcer à son encontre une peine d'amende de deux millions cinq cent mille euros dont le montant pourrait être porté au décuple du produit tiré de l'infraction, analyse renforcée par la consécration d'une telle possibilité au sein d'un document de politique transversale datant de 2022[4]. Cette

---

1 Le coefficient multiplicateur de l'amende proportionnelle au produit tiré de l'infraction et celui inhérent à la règle du quintuple applicable aux personnes morales.

2 Detraz, S., Salomon, R. (2021). *Précis de droit pénal fiscal*. op. cit.

3 Art. 1741 du CGI.

4 Ministre de l'économie, des finances et de la relance (2022). *Document de politique transversale – Projet de loi de finances pour 2022 – Lutte contre l'évasion fiscale et la fraude en matère d'impositions de toutes natures et de cotisations sociales*.

interprétation ne fait cependant pas consensus au sein du système juridique français.

97. Personnes morales : refus du cumul des coefficients multiplicateurs. En effet, une partie de la doctrine se montre hésitante[1], voire hostile[2], à l'idée qu'un tel cumul des coefficients multiplicateurs soit possible et donc que puisse s'appliquer la règle du quintuple inhérente à la responsabilité pénale des personnes morales à l'amende proportionnelle au produit tiré de l'infraction. Cette position est d'ailleurs confortée par de nombreuses autorités qui ne font pas usage de cette règle aux amendes proportionnelles au produit tiré de l'infraction aux peines encourues par les personnes morales. Par exemple, l'Agence Française Anticorruption et le PNF affirment qu'en cas de corruption active, les personnes morales encourent une peine dont « le montant maximum de [...] est de cinq millions d'euros ou d'un montant équivalent au double du produit tiré de l'infraction »[3]. L'association anti-corruption ANTICOR, de son côté, adopte le même point de vue dans son projet de loi relatif à la lutte contre la corruption dans lequel elle affirme que les peines encourues pour l'infraction de corruption d'agent public étranger sont de « 5 millions d'euros pour les personnes morales et 1 million d'euros pour les personnes physiques ou le double du produit de l'infraction »[4]. Ce faisant, tous semblent ainsi exclure, de concert, la peine

---

https://www.budget.gouv.fr/documentation/file-download/14359

1 Jeandidier, W. (2005). *Droit pénal des affaires* (6e éd.). Dalloz, coll. Précis.

2 Ingrain, C., Lorrain, R., Voss, M. (2021). L'amende proportionnelle : enjeux. art. cit.

3 AFA, Procureur de la République Financier (26 juin 2019). *Lignes directrices sur la mise en œuvre de la convention judiciaire d'intérêt public.* p. 4. https://www.agence-francaise-anticorruption.gouv.fr/files/files/Lignes%20directrices%20PNF%20CJIP.pdf

4 ANTICOR (24 mars 2016). *Projet de loi relatif à la transparence, à la lutte contre la corruption et à la modernisation de la vie économique – Les propostions de 14 organisations de la société civile.* https://www.anticor.org/wp-content/uploads/2020/04/note-loi-transparence.pdf

d'amende proportionnelle au produit tiré de l'infraction de la règle selon laquelle la personne morale encourt le quintuple du taux de l'amende prévue pour les personnes physiques pour ne l'appliquer qu'au seul montant plafonné chiffré de l'amende. En outre, cette position de refus de cumuler les coefficients multiplicateurs quant au prononcé de l'amende proportionnelle au produit tiré de l'infraction à l'encontre d'une personne morale s'explique aisément au regard des conséquences que cela pourrait entraîner en cas de récidive. En effet, dans le cas particulier où une personne morale se rendrait coupable, en récidive, d'une infraction punie d'une amende dont le montant peut être porté au double du produit tiré de l'infraction par exemple, le jeu des coefficients multiplicateurs impliquerait, si tous cumuls étaient autorisés, que la personne morale encourt une peine alors égale à vingt fois la valeur du produit tiré de l'infraction. Or, cette peine, bien que particulièrement répressive, risque de se heurter au principe de proportionnalité évoqué antérieurement et n'est donc pas souhaitable.

98. Personnes morales : nécessité d'une solution. En tout état de cause, cette incertitude quant à l'admission, ou non, du cumul des coefficients multiplicateurs lorsqu'une personne morale commet une infraction punie d'une peine d'amende proportionnelle au produit tiré de l'infraction est hautement regrettable dans la mesure où elle représente une entrave de taille à la sécurité juridique[1] des justiciables, exigence incontournable du droit et a fortiori du droit pénal, et à la prévisibilité du droit pénal[2]. De fait, une clarification législative, par l'ajout d'un second alinéa à l'article 131-38 du Code pénal ou par l'ajout d'un article particulier, est à espérer puisque celle-ci aurait alors le mérite d'établir une réponse claire quant à l'application, ou à la non-application, de la règle du quintuple à la peine d'amende proportionnelle au produit tiré de l'infraction. A cette occasion, il serait sans doute pertinent de consacrer les solutions fournies par les acteurs les mieux placés

1 Ingrain, C. & Lorrain R. (3 mars 2021). Les dysfonctionnements majeurs de l'amende proportionnelle. art. cit.

2 Ingrain, C., Lorrain, R., Voss, M. (2021). L'amende proportionnelle : enjeux. art. cit.

pour apporter une réponse à cette question, c'est-à-dire le PNF et l'AFA, et qui se prononcent en défaveur d'un tel cumul. En outre, cette solution aurait également le mérite de ne pas se heurter aux potentielles difficultés liées à la proportionnalité de la peine déjà évoquées. Aussi, la teneur de cette précision législative pourrait être l'ajout, au sein de l'article 131-38 du code pénal, d'un alinéa disposant par exemple que « la règle prévue au premier alinéa ne s'applique cependant pas lorsque la peine encourue par la personne physique est une peine d'amende à taux mobile ».

99. Transition. Ainsi, il apparaît que la peine d'amende proportionnelle au produit tiré de l'infraction ne s'intègre que difficilement au sein d'un système juridique où la récidive et la règle du quintuple des amendes encourues par les personnes morales occupent déjà une place de choix en raison des doutes qui subsistent quant à l'articulation de ces différents mécanismes. Toutefois, tel n'est pas le seul exemple illustrant l'inadaptation de cette peine au droit pénal français puisque, de son articulation avec les règles inhérentes à la tentative et au concours réel, ressortent également de nombreuses difficultés.

§2 : L'inadaptation de la peine d'amende proportionnelle au produit tiré de l'infraction aux modalités particulières de répression

100. Tentative et amende proportionnelle au produit tiré de l'infraction. Conformément à l'article 121-5 du Code pénal, « la tentative est constituée dès lors que, manifestée par un commencement d'exécution, elle n'a été suspendue ou n'a manqué son effet qu'en raison de circonstances indépendantes de la volonté de son auteur » étant entendu que le commencement d'exécution renvoie à l'acte qui tend directement au délit avec l'intention de le commettre[1]. Au regard de sa définition, la tentative n'a vocation à n'intervenir que si le délinquant n'a pu aller au terme de son iter criminis[2],

1 Cass. crim., 5 juillet 1951, Rec. sc. Crim., n°439, 1952

2 Litt. cheminement criminel.

c'est-à-dire lorsque l'infraction n'a pas été totalement consommée en raison, par exemple, de l'absence de survenance du résultat désiré par l'auteur. Or, en droit français, est considéré, et donc puni, comme auteur de l'infraction celui qui tente de commettre, dans les cas prévus par la loi, un délit[1]. Aussi, l'agent public qui tente de commettre une concussion ou encore une soustraction de biens[2], délits pour lesquels la répression de la tentative est expressément prévue par les textes, encourt ainsi, outre l'amende fixe, l'amende dont le montant peut être porté au double du produit tiré de l'infraction. Or, en cas d'infraction simplement tentée, il n'existe aucun produit tiré de l'infraction sur lequel indexer son montant puisque, par définition, celle-ci n'est pas qualifiée dans tous ses éléments constitutifs. Le respect d'identité totale des peines entre consommation et tentative d'une infraction[3] est donc atteint puisque l'agent qui a simplement tenté de commettre une concussion ne peut être puni de l'amende d'amende proportionnelle au produit tiré de l'infraction encourue par celui qui a atteint le résultat nécessaire à la consommation de cette même infraction. Afin d'éviter une telle situation, le législateur aurait pu prévoir que le montant de l'amende proportionnelle est indexé sur le produit tiré, espéré ou encore attendu de l'infraction, ce qui aurait le mérite d'assurer, et même de renforcer, le caractère hautement répressif de cette peine. Il est toutefois heureux qu'il n'ait pas opté pour cette solution puisqu'elle reviendrait à fonder la répression sur un bien qui ne serait alors qu'estimé et sans réalité objectivement identifiable. Aussi est-il préférable de tolérer une entorse au principe d'identité des peines des infractions tentées et consommées plutôt que de punir un agent sur la base d'un produit virtuel, hypothétique. En somme, l'inadaptation de l'actuelle peine d'amende proportionnelle au produit tiré de l'infraction au mécanisme préexistant[4] de la tentative est manifeste, raison

---

1 Art. 121-4 du code pénal.

2 Respectivement les articles 432-10 et 432-15 du code pénal.

3 Segonds, M. (2011). Tentative : art. 121-4 et 121-5. *J. cl. Pén. Code*, Fasc. n°20

4 Ce mécanisme est d'ailleurs déjà prévu au sein du code pénal napoléonien de 1810 aux articles 2 et 3.

pour laquelle il serait pertinent, en cas de maintien d'une peine d'amende proportionnelle au produit tiré de l'infraction réformée, d'introduire dans la partie générale du Code pénal, des règles quant à l'articulation de ces deux mécanismes[1]. Des difficultés émergent également lorsque est encourue une amende proportionnelle au produit tiré de l'infraction dans le cadre d'un concours réel.

101.Concours réel et amende proportionnelle au produit tiré de l'infraction. Défini à l'article 132-2 du Code pénal, le concours réel d'infractions est caractérisé « lorsqu'une infraction est commise par une personne avant que celle-ci ait été définitivement condamnée pour une autre infraction » et doit ainsi être distingué du concours idéal d'infractions, situation dans laquelle un même comportement, un même « ensemble de faits »[2] peut revêtir plusieurs qualifications pénales[3]. En cas de concours réel et d'unicité de procédure, le Code pénal précise que « lorsque plusieurs peines de même nature sont encourues, il ne peut être prononcé qu'une seule peine de cette nature dans la limite du maximum légal le plus élevé »[4]. Or, si un agent est poursuivi pour quatre fraudes fiscales simples[5] successives sans qu'aucune condamnation ne soit intervenue entre temps, les règles applicables en cas de concours réel risquent sans aucun doute d'amoindrir l'aspect répressif des peines d'amendes proportionnelles au produit tiré de l'infraction encourues pour chacune de ces fraudes[6]. En effet, en application de l'article 132-3 du Code pénal, la peine encourue par le délinquant est

1 Par la création, par exemple, d'un article 121-5-1 affirmant que « est puni comme auteur de l'infraction l'auteur de la tentative au sens de l'article 121-6 sauf si le montant de la peine d'amende encourue est indexé sur le produit, le chiffre d'affaire ou encore l'avantage issu de cette même infraction ».

2 Ballot-Squirawski, C. (2022). Du concours idéal de qualifications, Pour l'éviction de *non bis in idem* au profit d'un principe autonome d'unicité de qualification. *RSC*, n°4, p.797-80.

3 Raschel, E. (2022). Les concours d'infractions et de qualifications. *Droit pénal.* Ellipses. p. 217-234.

4 Art. 132-3 du code pénal.

5 C'est-à-dire sans circonstance aggravante.

donc soit la peine d'amende fixe de 500 000 euros soit la peine d'amende proportionnelle dont le montant peut être porté au double du produit tiré de l'infraction le plus important[1]. Si cette solution est conforme aux prescriptions législatives en la matière, elle est pourtant critiquable dans la mesure où elle plafonne le montant de l'amende encourue, ce qui permettrait au délinquant de retirer un certain profit de son action criminelle puisque ce n'est pas l'ensemble des produits tirés de toutes les fraudes qui sont pris en considération mais seulement le plus important d'entre eux[2]. Pour éviter un tel enrichissement du condamné, il eût été possible de fusionner les produits des quatre infractions pour n'en faire qu'un seul afin d'assurer tant l'aspect répressif que dissuasif de cette peine particulière[3]. Toutefois, cela revient à dénier à la fraude fiscale sa nature d'infraction instantanée, pourtant affirmée par la jurisprudence[4], en la transformant en infraction continue de sorte qu'il n'y aurait pas quatre fraudes distinctes avec quatre produits différents mais une fraude unique de laquelle résulterait un

---

6 Ingrain, C., Lorrain, R., Voss, M. (2021). L'amende proportionnelle : enjeux. art. cit.

1 La peine d'amende proportionnelle au produit tiré de l'infraction la plus haute est nécessairement celle qui se base sur le produit qui possède le plus de valeur dès lors que le coefficient multiplicateur demeure le même puisque les infractions sont les mêmes.

2 Par exemple, si les produits des quatre fraudes fiscales successives sont des sommes d'argent égales à un million, deux millions, deux millions cinq cent mille et trois millions d'euros, l'agent n'encourt, en cas d'unicité de poursuites pour ces quatre infractions, qu'une peine d'amende égale au double du produit le plus important, à savoir, six millions d'euros. Or, avec ces quatre fraudes, ce sont huit millions cinq cent mille euros qui ont été frauduleusement ajoutés au patrimoine de l'auteur de sorte que l'amende de six millions ne suffit pas à le dissuader de passer à l'acte ou à lui retirer l'ensemble de ses profits illicites.

3 Pour reprendre l'exemple précédemment utilisé, le produit total des quatre fraudes étant de huit millions cinq cent mille euros, la peine d'amende encourue par l'agent est alors de dix-sept millions d'euros.

4 Cass. crim., 20 février 1989, n°87-90.806.

unique produit[1].Aucune de ces deux solutions n'est donc pleinement satisfaisante puisque, dans le premier cas, elle permet l'enrichissement de l'auteur, et, dans le second, elle contrevient à la nature d'infraction instantanée de la fraude alors que celle-ci a des conséquences de taille, sur le délai de prescription[2] notamment. Ainsi, l'articulation de la peine d'amende proportionnelle au produit tiré de l'infraction avec les règles applicables en cas de concours réel se révèle complexe.

102. Conclusion de la section. La peine d'amende proportionnelle au produit tiré de l'infraction s'avère donc difficile à concilier avec les autres dispositions législatives applicables au sein du droit pénal français puisque le maintien de cette peine, en l'état actuel à tout le moins, impliquerait de repenser ou de préciser le fonctionnement de bon nombre de mécanismes telles que la règle du quintuple inhérente à la responsabilité pénale des personnes morales ou encore la tentative.

103. Conclusion du chapitre. Tout porte ainsi à croire qu'en introduisant la peine d'amende proportionnelle au produit tiré de l'infraction au sein du système juridique français, le législateur l'ait envisagé comme un mécanisme isolé sans pour autant prévoir son articulation avec d'autres mécanismes légaux et constitutionnels préexistants au sein du droit pénal. Or, cela n'est pas sans créer de nombreuses difficultés et interrogations qui ne peuvent demeurer au risque de représenter un danger de taille pour l'ensemble des justiciables, à tout le moins pour tous ceux qui se voient confrontés à cette peine particulière. Par ailleurs, cette inadaptation de la peine d'amende proportionnelle au produit tiré de l'infraction est d'autant plus regrettable qu'elle se double d'une inefficacité indéniable.

---

1 Ingrain, C., Lorrain, R., Voss, M. (2021). L'amende proportionnelle : enjeux. art. cit.

2 Le point de départ du délai de prescription est en effet différent selon que l'infraction en question soit instantanée ou continue.

Chapitre second – Un mécanisme actuel inefficace au sein du droit pénal français

104. Insuffisance de la peine d'amende proportionnelle au produit tiré de l'infraction. Qualifiée de « pas-assez » dans la lutte contre la délinquance[1], les lacunes arborées par la peine d'amende proportionnelle, et a fortiori par celle proportionnelle au produit tiré de l'infraction, sont nombreuses et représentent, sans nul doute, un frein de taille à son efficacité en droit interne. Cette dernière, alors entachée par la mauvaise appréhension qu'en font les différents acteurs du droit français[2] (Section première), est d'autant plus affaiblie que ce mécanisme est délaissé au profit d'une peine de confiscation considérée plus efficace en raison des évolutions récentes de la législation française en la matière (Section seconde).

Section première – L'efficacité répressive contestable de la peine d'amende proportionnelle au produit tiré de l'infraction

105. Législateur et praticiens : acteurs de l'inefficacité de la peine d'amende proportionnelle au produit tiré de l'infraction. Pour être considérée comme efficace d'un point de vue répressif, une peine doit être à la fois prévue par le texte d'incrimination – afin de garantir son utilisation – et convenablement appréhendée par les magistrats – afin de garantir son prononcé. En effet, une peine ne peut répondre à ses objectifs de rétribution, de dissuasion ou encore de resocialisation[3] que si celle-ci peut et est effectivement prononcée à l'encontre d'un individu. De fait, l'inefficacité de la peine d'amende proportionnelle au produit tiré de l'infraction

1 Lagoutte, J. (2018). La répression du profit illicite. art. cit.

2 Ingrain, C. & Lorrain R. (3 mars 2021). Les dysfonctionnements majeurs de l'amende proportionnelle. art. cit.

3 V. supra n°5.

est imputable tant au législateur qu'aux acteurs de la chaîne pénale, le premier se montrant frileux quant à son utilisation (§1) et les seconds désintéressés quant à son prononcé (§2).

§1 : Une peine d'amende proportionnelle au produit tiré de l'infraction discrète au sein de l'arsenal législatif français

106. Mécanisme timide. Initié dès les années soixante-dix et accentué avec l'arrivée des années quatre-vingt-dix[1], le mouvement d'inflation législative frappant le droit français implique une augmentation substantielle du volume des normes tant législatives que réglementaires. Si les « effets pervers »[2] de cet élan ont rapidement été dénoncés par la doctrine[3], la matière pénale n'a pas échappé à cette logique, ce qui a conduit à une explosion du nombre d'incriminations avec, parfois, des doublons à déplorer[4]. Toutefois, la peine d'amende proportionnelle au produit tiré de l'infraction semble exclue de cette impulsion puisqu'elle demeure une peine discrète au sein de l'arsenal législatif français, en témoigne son absence au sein du Livre I du code pénal[5]. De plus, il est à noter que cette peine est d'apparition assez récente puisque, par exemple, elle n'est apparue pour le délit de corruption prévu à l'article 433-1 du Code pénal que par l'effet de la loi relative à la lutte contre la délinquance économique et financière[6] et pour le délit de fraude fiscale depuis la loi du 23 octobre 2018 relative à la lutte contre

---

1 Hispalis, G. (2005). Pourquoi tant de loi(s) ?. *Pouvoirs*, 114, p.101-115.

2 Pignarre, G. (1994). Effet pervers des lois. *RRJ*, 4. p.1097.

3 Vanneuville, R. (2009). Les enjeux politico-juridiques des discours sur l'inflation normative. *Parlement[s], Revue d'histoire politique*, 11. p.80-91.

4 Malabat, V. (2006). Le champ inutile du droit pénal : les doubles incriminations. *Mél. R. Ottenhof*, Dalloz. p.155.

5 Lagoutte, J. (2018). La répression du profit illicite. art. cit.

6 Loi n° 2013-1117 du 6 décembre 2013 relative à la lutte contre la fraude fiscale et la grande délinquance économique et financière.

la fraude[1]. Or, il est étonnant qu'une peine présentée comme particulièrement apte à décourager le délinquant cupide ne soit prévue qu'à de rares occasions au sein du Code pénal.

107. Faible nombre d'infractions concernées. Si le mécanisme de l'amende proportionnelle trouve à s'appliquer de manière très occasionnelle dans le domaine des contraventions[2], l'amende proportionnelle au produit tiré de l'infraction est purement et simplement absente de cette catégorie d'infractions et le domaine criminel, quant à lui, est totalement étranger à une telle peine. Aussi, le domaine d'application de cette modalité de calcul du montant de l'amende se limite au seul domaine correctionnel et ne concerne donc que les délits. Or, là encore, même parmi les délits, la peine d'amende proportionnelle au produit tiré de l'infraction ne s'applique qu'à un nombre très limité d'infractions puisqu'elle concerne exclusivement la concussion, la corruption, le trafic d'influence d'agent public, la prise illégale d'intérêt et le pantouflage, infractions à la liberté et à l'égalité des candidats aux marchés publics, soustraction et détournement de biens par agent public, corruption et trafic d'influence de gens de justice, corruption et trafic d'influence d'agent public européen ou international, corruption et trafic d'influence de gens de justice internationale, corruption d'agent privé et de paris sportifs et, enfin, la fraude fiscale[3]. Cette liste limitative de délits semble ainsi bien modeste au regard du nombre actuel d'infractions présentes au sein du système juridique français.

108. Une extension souhaitable du champ d'application de la peine d'amende proportionnelle au produit tiré de

---

1 Art. 23 de la loi n°2018-898 du 23 octobre 2018 relative à la lutte contre la fraude.

2 V., par exemple, l'art. R342-20 du code du tourisme : « le montant de l'indemnité forfaitaire prévue par l'article 529-4 du code de procédure pénale est fixé à cinq fois la valeur du forfait journalier ».

3 Respectivement les articles 432-10 ; 432-11, 433-1 et 433-2 ; 432-12 et 432-13 ; 432-14 ; 432-15 ; 434-9, 434-9-1 ; 435-1 à 435-4 ; 435-7 à 435-10 ; 445-1 à 445-2-1 du code pénal et 1741 du CGI.

l'infraction ? De fait, la doctrine française ayant suggéré le recours au mécanisme de l'amende proportionnelle au profit retiré de l'infraction toutes les fois où l'infraction en question répondrait à une logique de recherche du gain[1], une telle proposition pourrait parfaitement être étendue à la peine d'amende proportionnelle au produit tiré de l'infraction puisque, pour rappel, le profit tiré de l'infraction ne serait qu'une sous-catégorie du produit, notion plus large donc, issu de celle-ci[2]. Elle pourrait ainsi s'appliquer à toute infraction lucrative, c'est-à-dire à toute infraction ayant pour objectif d'enrichir l'auteur, tels que les pratiques commerciales agressives, la vente frauduleuse de titre d'accès à des évènements sportifs ou culturels, la demande de fonds sous contrainte ou encore le trafic de stupéfiants[3] par exemple. Il semblerait donc intéressant d'étendre le champ d'application de l'amende proportionnelle au produit tiré de l'infraction pour lui assurer une place de taille lui permettant de s'imposer au sein de l'arsenal législatif français avec, au besoin, le maintien de l'amende fixe[4] à ses côtés afin d'assurer une répression efficace même en cas de produit tiré de l'infraction d'une valeur faible[5]. Assurément, il semblerait que cette extension ne puisse avoir lieu qu'à l'égard d'infractions pour lesquelles l'enrichissement de l'auteur semble être la conséquence immédiate[6] du délit.

---

1 Constantin, L., Gautrat, A., & Cassagnau, G. (1937). Traité de droit pénal en matière de sociétés. Librairie Arthur Rousseau.

2 V. supra n°57.

3 Respectivement les articles L121-6 du code de la consommation, 313-6-2, 312-12-1 et 222-36 du code pénal.

4 Royer, G. (2009). *L'efficience en droit pénal économique*. op. cit.

5 V. supra n°35.

6 Cela est toutefois discutable dans la mesure où l'infraction peut ne pas, en elle-même, aspirer à l'enrichissement de son auteur mais les modalités particulières de sa commission bénéficierait pourtant, économiquement, à l'auteur de l'infraction. Par exemple, le cas du meurtre d'un individu dont l'assurance-vie serait reversée à l'auteur de cette infraction (cas des meurtres entre époux, du parricide, etc.). Dans ce cas, n'est-il pas possible d'envisager que cette assurance-vie représente un avantage économique que l'auteur aurait retiré de la commission d'une infraction et qu'elle ne constituerait, de fait, le produit ? Si tel

Toutefois, une telle extension est-elle pour autant souhaitable en l'état actuel du droit ? A l'évidence, non. Si la timidité dont fait preuve cette amende particulière au sein de l'éventail des peines prévues par le législateur penche en faveur de sa réforme ou de sa suppression – la réponse à cette alternative étant laissée au bon vouloir des pouvoirs législatifs –, elle n'est en rien regrettable dans la mesure où elle ne bénéficie, pour l'instant, d'aucun régime satisfaisant, ni même d'une quelconque définition acceptable de son assiette. Il serait donc plus que hasardeux d'appliquer un mécanisme qui n'a pas fait ses preuves à d'autres infractions que celles pour lesquelles il a été initialement prévu.

109. Une consécration du mécanisme dans la partie générale du Code pénal ? Autre solution envisageable, l'intégration du mécanisme de la peine d'amende proportionnelle au produit tiré de l'infraction au sein du Livre I du code pénal, c'est-à-dire parmi les dispositions générales. Cette proposition aurait le mérite d'assurer une assise de choix à cette « peine atypique »[1] mais semble difficilement viable dans la mesure où les difficultés inhérentes à son extension demeurent et risqueraient même d'être amplifiées. Cependant, peut-être pourrait-ce être là l'occasion, pour le législateur, de venir préciser le régime – aujourd'hui inexistant – de la peine d'amende proportionnelle au produit tiré de l'infraction.

110. Transition. De fait, il apparaît que cette peine ne bénéficie que d'un champ d'application très limité, bien que cette restriction soit justifiée, venant ainsi grandement entraver son efficacité répressive. Le législateur n'est toutefois pas le seul à se montrer frileux quant à ce mécanisme puisque même pour les rares infractions pour lesquelles il est prévu, il ne bénéficie d'aucune application pratique par les magistrats.

était le cas, l'idée d'appliquer l'amende proportionnelle au produit tiré de l'infraction au meurtre ne serait pas totalement dénuée de sens.

1 Expression empruntée à Ingrain, C., Lorrain, R., Voss, M. (2021). L'amende proportionnelle : enjeux. art. cit.

§2 : Une inefficacité de la peine d'amende proportionnelle au produit tiré de l'infraction imputable aux acteurs de la chaîne pénale

111. Peine peu demandée par les magistrats. S'il n'existe aucune statistique concernant les différents types d'amendes requises par les parquetiers, une rapide discussion avec un magistrat[1] témoigne de la faible – voire de l'absence – d'utilisation de la peine d'amende proportionnelle au produit tiré de l'infraction en pratique. S'agissant des juridictions pénales de droit commun, il est regrettable qu'un tel constat puisse être dressé mais celui-ci est encore plus fâcheux lorsqu'il s'agit de juridictions pourtant chargées de réprimer la délinquance économique et financière présentant une gravité particulière tels que les JIRS ou le PNF. En effet, l'endroit le plus adéquat pour voir requise une peine d'amende proportionnelle au produit tiré de l'infraction ne serait-il pas le PNF, dans la mesure où l'instauration de celui-ci par la loi du 6 décembre 2013[2] se justifiait par une politique de lutte accrue contre la fraude fiscale et les atteintes à la probité notamment ? Cette juridiction spécialisée ne semble toutefois pas tirer profit de la peine destinée à réprimer la recherche délictueuse de celui-ci, en témoigne tout particulièrement une affaire de corruption jugée en juin 2020 par la 32e chambre correctionnelle du tribunal de Paris[3]. Dans cette affaire, l'ancien président de la Fédération internationale d'athlétisme était mis en cause pour corruption car il avait retiré de la liste des sanctions six athlètes russes en échange du financement de sa campagne électorale et de contrats avantageux, conduisant ainsi le club à lui verser 3

1 V. annexe n°4 : Interview en date du 28 avril 2023 de M. Moynot Charles, Premier vice-président adjoint et coordonnateur de la JIRS au Tribunal Judiciaire de Bordeaux.

2 Loi n° 2013-1117 du 6 décembre 2013 relative à la lutte contre la fraude fiscale et la grande délinquance économique et financière.

3 PNF (2021). Synthèse 2020. https://www.tribunal-de-paris.justice.fr/sites/default/files/2021-02/PNF-brochure_A5_2201.pdf

450 000€. Outre la peine d'emprisonnement, il a alors été condamné à une amende de 500 000€ et les cinq autres membres de la fédération ou du club à des amendes d'un montant maximal d'un million d'euros. Or, pour rappel, la peine pécuniaire encourue pour le délit de corruption, qu'elle soit active ou passive, est une amende fixe d'un million d'euros dont le montant peut être porté au double du produit tiré de l'infraction[1]. Il y a donc fort à parier que les juges ne se soient pas embarrassés de l'utilisation du mécanisme de l'amende proportionnelle au produit tiré de l'infraction – qui aurait nécessité l'identification et l'évaluation délicates de ce même produit – puisque le quantum maximum fixé pour l'amende fixe n'a pas été dépassé, chose qui aurait sans aucun doute été possible par l'utilisation de l'amende proportionnelle[2]. Il apparaît ainsi qu'alors que l'amende proportionnelle au produit tiré de l'infraction pourrait être une arme redoutable dans la lutte contre la délinquance financière, cette peine n'est pas utilisée, ni même demandée, par les magistrats chargés de requérir et prononcer les peines, ce qui s'explique par une absence de formation de ces derniers à ce mécanisme.

112. Formation nécessaire des acteurs. Dépeinte comme une peine atypique[3], il est indéniable que l'amende proportionnelle au produit tiré de l'infraction ne puisse être utilisée sans qu'un quelconque apprentissage à l'égard des personnels de justice destinés à la manipuler n'ait été dispensé. Or, en l'état actuel du

1 Art. 432-11 et 433-1 du code pénal.

2 La fédération russe d'athlétisme ayant dépensé plus de 3 450 000€ pour commettre le délit de corruption, le produit tiré de l'infraction (la valeur économique de l'activité des joueurs qui auraient dû être sanctionnés par exemple) devrait être au moins égal à ce montant sans quoi cette corruption ne représenterait aucun intérêt. Or, ce faisant, en usant du mécanisme de l'amende proportionnelle, il aurait été possible de prononcer une amende dont le montant avoisinerait les 6 900 000€, ce qui est considérablement éloigné de la plus haute des sommes réellement prononcée.

3 Ingrain, C., Lorrain, R., Voss, M. (2021). L'amende proportionnelle : enjeux. art. cit.

droit, aucune formation à l'utilisation de cette peine particulière n'est dispensée ni au sein des universités, ni même au sein de l'ENM. En effet, au regard du programme pédagogique de cette dernière[1], il apparaît que si les magistrats sont formés aux peines correctionnelles dans le cadre du pôle de formation relatif au processus de décision et de formalisation de la justice pénale, l'amende proportionnelle – et donc l'amende proportionnelle au produit tiré de l'infraction – semble pourtant exclue de cet apprentissage, ce qui s'explique volontiers par la nécessité de former, et ce dans un court laps de temps[2], des magistrats susceptibles d'occuper des fonctions très différentes tels que juge des affaires familiales, juge d'instruction ou encore juge d'application des peines[3]. De plus, si les magistrats professionnels bénéficient de formations ultérieures tout au long de leur carrière, aucune ne concerne spécifiquement la peine d'amende proportionnelle au produit tiré de l'infraction[4]. Par conséquent, prôner une meilleure utilisation de celle-ci par les acteurs de la chaîne pénale implique nécessairement la volonté de mettre en place une formation[5] apte à les préparer au maniement d'une telle peine. Par ailleurs, le constat de l'inefficacité de cette peine est renforcé par l'absence manifeste de toute politique générale quant à l'utilisation de la peine d'amende[6] et, a fortiori, de cette peine particulière qui peut se révéler difficile d'appréhension pour l'ensemble des acteurs de la chaîne pénale. Aussi, afin d'améliorer l'efficacité de la peine d'amende proportionnelle au produit tiré de l'infraction, il serait

1 ENM (2022). *Programme pédagogique – Promotion 2022.* https://www.enm.justice.fr/api/getFile/sites/default/files/2023-03/Programme_pedagogique_ADJ_2022.pdf

2 La durée de la formation initiale à l'ENM étant de trente-et-un mois dont vingt-cinq mois de stage, seulement cinq mois sont destinés aux périodes d'études, ce qui semble peu au regard du contenu de la formation.

3 V. annexe n°4 : Interview en date du 28 avril 2023 de M. Moynot Charles, Premier vice-président adjoint et coordonnateur de la JIRS au Tribunal Judiciaire de Bordeaux.

4 Ibid.

5 Lagoutte, J. (2018). La répression du profit illicite. art. cit.

6 Potier, J. (2012). *Le prononcé de l'amende.* op. cit.

sans doute pertinent que les autorités politiques établissent une feuille de route, ou à tout le moins une politique criminelle, à destination de ces derniers afin des les guider dans l'utilisation d'une telle peine.

113. Conclusion de la section. Par conséquent, la peine d'amende proportionnelle au produit tiré de l'infraction apparaît donc être une peine qui n'est que peu prévue par le législateur, son extension n'étant par ailleurs pas souhaitable, et, même lorsqu'elle est envisagée comme une sanction potentielle par le texte d'incrimination, n'est pas pour autant requise par les acteurs de la chaîne pénale. De fait, en raison tant de sa timidité législative que de son inapplication pratique, l'efficacité de cette peine spécifique laisse grandement à désirer, conduisant ainsi les magistrats à lui préférer la peine de confiscation, le législateur ayant grandement œuvré pour lui octroyer une efficacité redoutable.

Section seconde – Une peine d'amende proportionnelle au produit tiré de l'infraction délaissée au profit de la peine de confiscation

114. Préférence pour la peine de confiscation. Alors qu'elle est parfois jugée trop complexe à mettre en œuvre[1], la peine[2] de confiscation a su s'imposer face à une peine d'amende proportionnelle au produit tiré de l'infraction délaissée par les juridictions françaises. Ce phénomène s'explique notamment par les évolutions législatives récentes qui ont œuvré pour une simplification considérable de la peine de confiscation faisant de cette dernière un outil répressif redoutable (§1) particulièrement adapté à la délinquance lucrative (§2).

---

1 Dreyer, E. (2014). Sur les fonctions respectives de l'amende et de la confiscation. art. cit.

2 La nature de peine de la confiscation ayant été réaffirmée par la Cour de cassation à l'occasion de Cass. crim., 10 janvier 1996, Bull. crim. 1996, n°11.

§1 : Une volonté législative indéniable de renforcement de l'efficacité de la peine de confiscation

115. Présentation de la peine complémentaire de confiscation. Prévue à l'article 131-21 du Code pénal[1], la peine complémentaire[2] de confiscation vise à priver le délinquant de tout ou partie de son patrimoine, au profit de l'État[3], à la suite d'une décision judiciaire de condamnation pénale[4]. Elle vise ainsi à effacer les conséquences patrimoniales liées à la commission d'une infraction[5] en « ponctionn[ant] l'actif patrimonial du condamné »[6] en faveur de l'État. Elle représente, de fait, une atteinte de taille au droit fondamental de propriété[7] mais celle-ci a été jugée légitime[8], nécessaire et proportionnalité puisque le Conseil constitutionnel s'est prononcé en faveur de

1 Cet article ne prévoyant que le régime général de la peine de confiscation : Bétemps, J., Wagner M. (2013). Peine complémentaire de confiscation : bien (mal) acquis ne profite jamais ?. *Dr. Pén.*, n°1.

2 Cette peine de confiscation peut parfois être une peine alternative à l'égard des personnes morales notamment : Ascensi, L. (2021). *Droit et pratique des saisies et confiscations pénales*. Dalloz, coll. Dalloz référence.

3 Art. 131-21 al. 10 du code pénal.

4 Cornu, G. (2022). Vocabulaire juridique. op. cit.

5 Ascensi, L. (juillet 2020). A la recherche de l'objet de l'infraction. zrt. cit.

6 Décima, O., Detraz, S., & Verny, É. (2022). *Droit pénal général*. op. cit.

7 Reconnu au niveau constitutionnel par l'article 17 de la DDHC affirmant que « la propriété étant un droit inviolable et sacré, nul ne peut en être privé, si ce n'est lorsque la nécessité publique, légalement constatée, l'exige évidemment, et sous la condition d'une juste et préalable indemnité » et au niveau supra-national par l'article 1er du Protocole n°1 à la CSDHLF – Camous, E. (2019). Le droit de propriété et la peine de confiscation. *Droit pénal*, n°3.

8 Camous, E. (2018). La peine patrimoniale : une alternative prospective à la peine d'emprisonnement. *AJ pénal*. n°28.

la conformité d'une telle peine à la Constitution[1]. La confiscation peut être ordonnée en nature – lorsqu'elle porte sur l'objet en lui-même – ou en valeur[2] - lorsqu'elle porte sur les sommes correspondantes à la valeur du bien ne pouvant être saisi, en raison de sa disparition par exemple. Enfin, l'exécution de cette peine se fait soit par le comptable public en cas de confiscation en valeur, soit par l'AGRASC dans les autres cas mais toujours au nom du procureur de la République[3] et au profit de l'État[4].

116. Confiscation et saisie. Puisque la confiscation est une peine, elle intervient nécessairement après qu'une déclaration de culpabilité ait été prononcée par le juge à l'encontre du justiciable. Elle se distingue ainsi de la saisie pénale qui vise également à sortir du patrimoine de l'auteur les biens dont il est possible de penser qu'ils ont un lien avec l'infraction ou qu'ils sont dangereux mais qui a lieu, quant à elle, au cours de la procédure pénale[5], c'est-à-dire avant tout jugement sur la culpabilité de l'auteur. Il est nécessaire de relever que la mise en œuvre de ces saisies est un enjeu procédural et économique de taille puisque celles-ci sont exécutées en vue de potentielles confiscations futures et représentent une assiette de 327,9 millions d'euros pour le seul PNF[6]. Saisies et confiscations œuvrent ainsi de concert pour assurer l'effectivité de la répression, la seconde mesure ayant plus de chances d'aboutir si elle succède à une saisie fructueuse[7].

---

1 Cons. const., 26 novembre 2010, n°2010-66 QPC.

2 Art. 131-21 al. 8 du code pénal.

3 Art. 707-1 du code de procédure pénale.

4 Art. 131-21 al. 9 du code pénal.

5 Thony, J. & Camous, É. (2013). Gel, saisie et confiscation des avoirs criminels : les nouveaux outils de la loi française. *Revue internationale de droit pénal*, n°84, p.205-216.

6 Latimier, C. (2022). La pratique des saisies pénales aux fins de confiscation au PNF. https://www.tribunal-de-paris.justice.fr/sites/default/files/2022-09/La%20pratique%20des%20saisies%20p%C3%A9nales%20aux%20fins%20de%20confiscation%20au%20PNF.pdf

117. Confiscation spéciale et confiscation générale. Distinction issue de la lettre de l'article 131-21 du code pénal mais explicitée en ces termes par la doctrine, la confiscation peut être soit spéciale, soit générale. Dans le premier cas, la confiscation ne porte que sur les biens constitutifs de l'instrument, de l'objet ou du produit de l'infraction sauf s'ils sont « susceptibles de restitution à la victime»[1] , soit un nombre restreint de biens limitativement énumérés par le texte. A l'inverse, et comme son nom l'indique, la confiscation générale[2] porte, quant à elle, sur l'ensemble des biens présents dans le patrimoine du délinquant. En raison de son caractère hautement attentatoire au droit de propriété – aucun lien n'étant nécessaire entre l'infraction commise et le bien confisqué –, elle est plus strictement encadrée et n'est ainsi prévue, depuis la loi du 5 mars 2007[3], que pour les crimes et délits punis d'au moins cinq ans d'emprisonnement ou lorsque la loi le prévoit expressément[4].

118. Simplification de l'exécution de la peine de confiscation. Face à la complexité dont faisait preuve l'exécution de peine de confiscation puisque soumise aux règles régissant les procédures civiles d'exécution, domaine peu familier des magistrats pénalistes, la loi du 9 juillet 2010[5] est intervenue afin de simplifier considérablement le régime applicable à cette peine. Aussi, a été créé un titre particulier au sein du code de procédure pénale intitulé « Des saisies spéciales » détaillant la procédure d'exécution de la peine

---

7 V. annexe n°4 : Interview en date du 28 avril 2023 de M. Moynot Charles, Premier vice-président adjoint et coordonnateur de la JIRS au Tribunal Judiciaire de Bordeaux.

1 Art. 131-21 al. 2 et 3 du code pénal.

2 Art. 131-21 al. 5 du code pénal.

3 Loi n° 2007-297 du 5 mars 2007 relative à la prévention de la délinquance.

4 Par exemple, art. 222-49 du code pénal en matière de trafic de stupéfiants ou l'art. 422-6 du même code en matière de terrorisme.

5 Loi n° 2010-768 du 9 juillet 2010 visant à faciliter la saisie et la confiscation en matière pénale.

complémentaire de confiscation prévue à l'article 131-21 du code pénal[1]. De plus, alors que la principale difficulté liée à cette peine est l'identification de l'assiette de la confiscation[2], des propositions visant à faciliter l'enquête patrimoniale nécessaire à l'établissement de cette dernière ne cessent de fleurir[3]. Cette simplification de la procédure d'exécution de la confiscation, conduisant les magistrats à agir sur un terrain qui leur est familier, penche donc en faveur d'une utilisation plus conséquente de cette peine par l'autorité judiciaire, constat renforcé par l'extension manifeste dont a bénéficié la confiscation en matière pénale.

119. Extension de la peine de confiscation : les infractions concernées. Ne pouvant initialement n'être prononcée que lorsqu'elle était spécifiquement prévue par les textes[4], les réformes législatives successives ayant eu cours tout au long du XXIème siècle ont contribué à étendre grandement le champ d'application de cette peine tant au niveau des infractions concernées que des biens susceptibles de confiscation. En effet, par l'effet de la loi de 2007, la peine de confiscation – spéciale – est devenue une peine encourue de plein droit pour les crimes et délits punis d'au moins un an d'emprisonnement, sauf délit de presse[5]. Il va sans dire que cela élargit grandement le champ de la répression puisque le législateur n'a plus besoin de la prévoir expressément pour qu'elle puisse être encourue par le délinquant d'autant que la grande majorité des délits incriminés en droit français sont punis d'une peine d'emprisonnement

1 Art. 706-141 du code de procédure pénale.
2 V. annexe n°4 : Interview en date du 28 avril 2023 de M. Moynot Charles, Premier vice-président adjoint et coordonnateur de la JIRS au Tribunal Judiciaire de Bordeaux.
3 Propositions 13 à 16 issues de Saint-Martin, L., Warsmann, J.-L. (novembre 2019). *Rapport Investir pour mieux saisir, confisquer pour mieux sanctionner.* https://www.dalloz-actualite.fr/sites/dalloz-actualite.fr/files/resources/2019/11/rapport_agrasc.pdf.
4 Ducouloux-Favard, C., Gerin, D. (31 octobre1982). « La confiscation en droit pénal français ». *Petites affiches*, p.9.
5 Art. 131-21 al.1 du code pénal.

supérieure à un an. Cela signifie donc que peu d'infractions, à savoir les contraventions et les délits punis de moins d'un an d'emprisonnement, échappent à la peine complémentaire de confiscation. Il en va de même pour la confiscation générale, cette dernière ayant été étendue aux crimes ou délits punis d'au moins cinq ans d'emprisonnement.

120. Extension de la peine de confiscation : les biens concernés. Quant aux biens concernés, la dynamique adoptée par le législateur est la même puisque les catégories de biens sur lesquels peut porter la peine complémentaire de confiscation spéciale ne cesse de croître. Au gré des réformes successives, le législateur est venu étoffer la liste des biens pouvant faire l'objet d'une confiscation puisque sont désormais visés « tous les biens meubles ou immeubles, quelle qu'en soit la nature, divis ou indivis »[1]. Cette actuelle diversité de biens pouvant être confisqués illustre parfaitement la volonté répressive dont a fait preuve le législateur français[2] en enrichissant toujours plus cette liste. Cela ne signifie pas pour autant que confiscations spéciale et générale se confondent puisque la nécessité d'avoir un lien causal entre le bien confisqué et l'infraction à l'origine de la condamnation demeure dans le cadre de la confiscation spéciale[3]. La loi de 2007 précitée a également étendu la confiscation aux biens dont le condamné à la libre disposition – sous réserve des droits du propriétaire de bonne foi –[4], solution hautement répressive mais qui s'explique par la nécessité de l'État de se prémunir contre les mécanismes visant à extraire un bien du patrimoine du condamné – à l'image d'une organisation frauduleuse d'insolvabilité[5].

121. Perspectives d'évolution de la peine de confiscation. La peine de confiscation semble ainsi être l'objet d'un « droit en

1 Art. 131-21 al.2 du code pénal.
2 Thony, J. & Camous, É. (2013). Gel, saisie et confiscation des avoirs criminels : les nouveaux outils de la loi française. art. cit.
3 Décima, O., Detraz, S., & Verny, É. (2022). *Droit pénal général*. op. cit.
4 Art. 131-21 al. 2 du code pénal.
5 Art. 314-7 du code pénal.

pleine évolution »[1] visant à renforcer, encore et toujours, son efficacité répressive. Cela est d'autant plus vrai que des propositions visant à maximiser les confiscations ou réduire les frais relatifs aux biens confisqués continuent d'émerger : l'extension du champ d'application de la peine de confiscation en valeur aux infractions punies de plus de trois ans d'emprisonnement, la formation accrue des magistrats ou encore la mise en place d'un dispositif budgétaire[2]. Tout porte ainsi à croire que le législateur ne compte pas s'arrêter là dans sa recherche toujours plus poussée d'efficacité de la peine complémentaire de confiscation.

122. Transition. Tout cela démontre ainsi la volonté évidente du législateur, mais également de la jurisprudence, de simplifier les conditions et d'étendre toujours plus le champ d'application de la peine complémentaire de la confiscation de sorte qu'elle constitue désormais un outil répressif de choix dans la lutte contre la délinquance de profit, et ce, au détriment de la peine d'amende proportionnelle au produit tiré de l'infraction.

§2 : Une peine de confiscation particulièrement adaptée à la répression de la délinquance lucrative

123. Confiscation : une « arme redoutable »[3]. Présentée comme une peine minimale[4] « particulièrement adaptée à la

---

1 Expression tirée de Ascensi, L. (22 novembre 2021). Saisies et confiscations pénales : un droit en pleine évolution (propos recueillis par Laurent Dargent). *Dalloz Actualité*. https://www.dalloz-actualite.fr/interview/saisies-et-confiscations-penales-un-droit-en-pleine-evolution

2 Respectivement les propositions n°19, 21 et 34 issues de Saint-Martin, L., Warsmann, J.-L. (novembre 2019). *Rapport Investir pour mieux saisir, confisquer pour mieux sanctionner.* https://www.dalloz-actualite.fr/sites/dalloz-actualite.fr/files/resources/2019/11/rapport_agrasc.pdf.

3 Mihman, A. (2014). La confiscation des profits illicites. art. cit.

4 Lagoutte, J. (2018). La répression du profit illicite. art. cit.

répression de la criminalité économique et financière »[1], la confiscation se révèle une arme redoutable dans la lutte contre la délinquance lucrative au regard de ces aspects dissuasif[2] et répressif[3] indéniable qu'elle revêt. En effet, en ce qu'elle ôte au délinquant tout ce qu'il a pu obtenir de ses méfaits[4], cette peine complémentaire lui fait perdre tout intérêt de sorte que, agissant en homo œconomicus, l'agent s'abstient de commettre l'infraction et, s'il passe tout de même à l'action, l'ensemble des produits qu'il en a retiré lui est confisqué. L'efficacité de cette peine est d'autant plus forte qu'elle s'étend à tout bien produit direct ou indirect d'une infraction acquis, en partie, avec des fonds qui ne sont pas issus d'une activité délictuelle ou criminelle[5] même si l'exécution de cette peine ne peut se faire qu'à « concurrence de la valeur estimée du dit produit »[6]. Cette peine est d'autant plus redoutable qu'elle ne nécessite nullement que le bien se trouve au sein du patrimoine de l'agent condamné puisqu'il suffit qu'il en ait la libre disposition[7]. Cette précision législative, pouvant se révéler particulièrement répressive, sert essentiellement à déjouer la mise en place de montages astucieux visant à extraire du patrimoine du condamné les biens pouvant faire l'objet d'une confiscation en les transférant à autrui mais dont il continuerait de bénéficier[8].

1 Guérin, D. (2020). La chambre criminelle face à la confiscation : orientations actuelles. *Annales de l'Institut de criminologie et de sciences pénales Roger Merle.* Vol. 1. p.171-176.

2 Elle serait « l'un des plus grands fouets qui empesche [les] méchants d'offenser » : Bodin, J. (1576). *Les six livres de la République.*

3 Puisqu'elle permet de « supprimer les conséquences de l'infraction » : Senat, D. (2020). La confiscation du produit de l'infraction. art. cit.

4 Royer, G. (2009). *L'efficience en droit pénal économique.* op.cit.

5 Art. 131-21 al. 3 du code pénal - Cass. crim., 6 mai 2015, n°14-87.902 – Cass. crim., 7 décembre 2016, n°15-86.897.

6 Art. 131-21 al.3 du code pénal.

7 Art. 131-21 al.2 du code pénal. Ce qui est le cas, par exemple, lorsque le mis en cause est porteur de part unique d'un fond : Cass. crim., 29 janvier 2014, n°13-80.063.

8 Camous, E. (mars 2019). Le droit de propriété et la peine de confiscation. art. cit.

Si certains ont pu y voir une atteinte au principe de personnalité des peines[1], il n'en est en réalité rien dès lors que la confiscation s'exécute « sous réserve des droits du propriétaire de bonne foi »[2].

En outre, preuve de son adaptation à la délinquance d'astuce[3] qu'est la délinquance lucrative, la peine de confiscation peut également s'appliquer en valeur[4] qui consiste à « confisquer un bien dont la valeur[5] équivaut au produit de l'infraction mais qui ne constitue par lui-même le produit direct ou indirect de l'infraction »[6]. De fait, même lorsque le délinquant a procédé à la dissimulation, à la disparition ou à la transformation du produit tiré de l'infraction en mettant en œuvre des procédés destinés à faire échapper le bien aux conséquences du prononcé d'une peine de confiscation, le produit demeure confiscable faisant ainsi échec à tout stratagème mis en place par l'agent.

Enfin, plus que la peine d'amende proportionnelle au produit tiré de l'infraction, la peine complémentaire de confiscation s'accommode sans mal du droit à réparation reconnu aux victimes puisque tous deux peuvent être prononcés cumulativement et calculés sur la même assiette[7]. A la différence de ce qui est prévu pour l'amende proportionnelle au produit tiré de l'infraction, la chose confisquée demeure grevée des droits réels licitement constitués au profit des tiers[8], formule quelque peu obscure signifiant que pour épuiser leur droit à

---

1 Lagoutte, J. (2018). La répression du profit illicite. art. cit.

2 Art. 131-21 al. 2 du code pénal.

3 Rico, J. (1977). Notes introductives à l'étude de la criminalité des affaires. *Criminologie*, n°10, p. 8–28.

4 Art. 131-21 al. 8 du code pénal.

5 Estimée sur la base de leur valeur marchande : Camous, E. (2019). Le droit de propriété et la peine de confiscation. art. cit.

6 Senat, D. (2020). La confiscation du produit de l'infraction. art. cit.

7 Camous, E. (2020). La saisie du produit de l'infraction. *Annales de l'Institut de criminologie et de sciences pénales Roger Merle.* Vol. 1. p.189-195.

8 Art. 131-21 al.9 du code pénal.

réparation, les victimes peuvent se servir dans l'assiette de la confiscation, l'État récupérant alors, le cas échéant, les sommes ou biens restant une fois que tous ceux qui ont une créance se soient servis. Or, la peine d'amende proportionnelle au produit tiré de l'infraction, quant à elle, risque fort d'appauvrir le condamné, celui-ci n'ayant alors plus le patrimoine nécessaire au désintéressement des victimes de sorte que la peine de confiscation se révèle, là encore, plus avantageuse à mettre en œuvre.

Tout cela démontre ainsi avec force l'efficacité avec laquelle la confiscation réprime la délinquance lucrative, siège pourtant privilégié de la peine d'amende proportionnelle au produit tiré de l'infraction, parfois même en la conciliant avec la nécessité de réparer les victimes ayant subi les conséquences du délit. Aussi, n'engendrant aucun coût pour l'État[1] mais lui rapportant[2], la peine de confiscation semble assurer, à l'instar de la peine d'amende proportionnelle au produit tiré de l'infraction, un aspect dissuasif et répressif fort sans pour autant que législateur ou le juge n'ait à se soucier du respect du principe de proportionnalité concernant la confiscation de ce même produit.

124. Proportionnalité à géométrie variable de la peine de confiscation. Si le juge se voit dans l'obligation de motiver les peines correctionnelles qu'il prononce[3], dont font toutes deux partie les confiscations spéciale[4] et générale, seule la seconde

1 Matsopoulou, H. (1995). La confiscation pénale dans le nouveau code pénal. art. cit.

2 A ce titre, le montant total des versements réalisés par l'AGRASC lié aux confiscations prononcées en 2021 s'élève à 150 581 453, 6861 euros : AGRASC (2021). *Rapport d'activité 2021*. p.141. https://www.economie.gouv.fr/files/files/2022/Rapport-activit%C3%A9-agrasc.pdf?v=1659358560

3 Cass. crim., 1er février 2017, n°15-83.984 - Cass. crim., 1er février 2017, n°15-84.511 - Cass. crim., 1er février 2017, n° 15-85.199.

4 A cet égard, la jurisprudence est récemment venue affirmer que la peine de confiscation du produit indirect prononcée en valeur devait faire l'objet d'une motivation : Cass. crim., 19 avril 2023,

est soumise au respect du principe de proportionnalité. Cette différence de traitement s'explique aisément dans la mesure où la confiscation générale porte sur le patrimoine entier de l'individu alors que la confiscation spéciale, quant à elle et dans le cas précis de la confiscation du produit tiré de l'infraction, ne porte que sur le bien produit de l'infraction. De fait, la confiscation spéciale ne peut être disproportionnée puisqu'elle s'applique au seul produit direct ou indirect de l'infraction raison pour laquelle le contrôle de proportionnalité est neutralisé[1]. Toutefois, afin d'éviter les excès, la jurisprudence est intervenue pour limiter le champ d'application de cette absence de contrôle de proportionnalité aux seuls biens qui sont, dans leur totalité, le produit direct ou indirect de l'infraction[2], le réactivant ainsi pour les biens dont seule une partie découle de la commission d'une infraction[3]. A n'en pas douter, cette absence de nécessité de contrôle de proportionnalité de la confiscation spéciale du bien qui serait, dans sa totalité, le produit de l'infraction facilite l'office du juge qui a alors tendance à se tourner plus facilement vers une peine de confiscation dont le régime est simplifié que vers une peine d'amende proportionnelle au produit tiré de l'infraction complexe à mettre en œuvre, et ce, malgré la confusion qui s'opère parfois entre les deux.

125. Confusion des fonctions de l'amende et de la confiscation. En effet, en avançant que l'amende proportionnelle au produit tiré de l'infraction serait une peine utile au sein du système juridique français parce qu'elle permettrait de prendre au délinquant a minima ce qu'il a retiré

n°22-82.994.

1 « Cette peine n'est que l'effacement de la conséquence illégale de l'infraction, de l'enrichissement du condamné » : Robert, J.-H. (2017). Les confiscations et les mesures de leur proportionnalité. *JCP G*, n°13.

2 « Le principe de proportionnalité ne peut s'appliquer à la confiscation d'un bien qui, dans sa totalité, est le produit ou l'objet des infractions dont le prévenu a été déclaré coupable » : Cass. crim., 7 décembre 2016, n°16-80.879.

3 Cass. crim., 19 décembre 2018, n°18-85.712.

de l'infraction, cela revient à mettre en avant la fonction confiscatoire[1] de la peine d'amende. Or, par principe, cette fonction devrait être dévolue à la peine de confiscation raison pour laquelle il est possible d'affirmer qu'en légitimant l'existence de la peine d'amende proportionnelle au produit tiré de l'infraction par sa capacité à ôter à l'agent le fruit de ses méfaits, le législateur opère une confusion entre les fonctions de l'amende et de la confiscation[2].

126. Un cumul envisageable entre peines de confiscation et d'amende proportionnelle au produit tiré de l'infraction ? La peine de confiscation étant une peine complémentaire[3], celle-ci pourrait parfaitement venir s'ajouter à la peine principale[4] d'amende proportionnelle au produit tiré de l'infraction – à condition toutefois d'être prévue par le texte d'incrimination[5]: les effets répressifs et dissuasifs de ces deux peines en seraient alors renforcés[6] et leurs lacunes respectives seraient comblées par les avantages de l'autre. En effet, l'utilisation simultanée de ces deux peines permettrait le prononcé d'amendes proportionnelles au produit tiré de l'infraction inférieures à celui-ci sans que cela ne vienne entacher son aspect rétributif ou dissuasif[7] puisque le prononcé de la peine complémentaire de confiscation aurait déjà garanti au délinquant de ne rien pouvoir conserver de la commission du délit. Toutefois, en prononçant la peine de confiscation, le juge n'aurait pas à s'embarrasser des difficultés inhérentes à la mise en œuvre de la peine d'amende proportionnelle au produit tiré

---

1 Bavitot, A. (2019). L'amende à taux mobile. art. cit.

2 Dreyer, E. (2014). Sur les fonctions respectives de l'amende et de la confiscation. art. cit.

3 Art. 131-10 du code pénal.

4 Bonis-Garçon, É., Peltier, V. (2019). *Droit de la peine*. op. cit.

5 Beziz-Ayache, A. (2017). *Peines complémentaires*. Rép. Pén., Dalloz.

6 « La bonne exécution de la [confiscation] est nécessaire à l'efficacité de l['amende] : Dreyer, E. (2014). Sur les fonctions respectives de l'amende et de la confiscation. art. cit.

7 Bavitot, A. (2019). L'amende à taux mobile. art. cit.

de l'infraction[1], cumul qui risquerait en outre de paraître excessif[2], puisqu'une amende fixe suffirait à punir efficacement le délinquant dès lors qu'il ne pourrait honorer le paiement de celle-ci grâce au produit tiré de l'infraction dès lors qu'il leur a été confisqué. En tout état de cause, a été proposée, par la doctrine, la création d'une peine patrimoniale[3] visant à fusionner les peines d'amende et de confiscation en une seule et même « super peine » qui combinerait leurs avantages respectifs. Toutefois, au regard des différences de régime et de la logique propre à ces deux peines, la tâche semble ardue et impliquerait une refonte globale de la catégorie des peines pécuniaires, ce qui ne semble pas être la priorité législative du moment.

127. Conclusion de la section. Rendue plus simple, plus efficace et mieux adaptée au droit français par le jeu de réformes législatives successives, il est aisé de comprendre pourquoi le recours à la peine complémentaire de confiscation a reçu les faveurs des juridictions répressives au détriment d'une peine d'amende proportionnelle au produit tiré de l'infraction mise de côté. En effet, l'utilité de la confiscation résidant dans la possibilité qu'elle offre au juge pénal de retirer à l'agent le produit retiré de la consommation de l'infraction, une peine d'amende fixe, plus aisée à manipuler, suffit à une répression efficace de la délinquance de sorte que la peine d'amende proportionnelle devient superflue au sein du système juridique français.

128. Conclusion du chapitre. Il apparaît ainsi que la peine d'amende proportionnelle au produit tiré de l'infraction souffre, en l'état actuel du mécanisme, d'un déficit d'efficacité indéniable découlant tant de la timidité dont fait preuve le législateur que du désintérêt manifesté par les acteurs de la chaîne pénale à son égard puisque, même dans les rares cas où

1 V. supra n°92 et s.

2 Dreyer, E. (2014). Sur les fonctions respectives de l'amende et de la confiscation. art. cit.

3 Camous, E. (2018). La peine patrimoniale : une alternative prospective à la peine d'emprisonnement. art. cit.

cette peine atypique est prévue, les magistrats lui préfèrent la peine d'amende fixe. Aussi, pour maintenir une dissuasion et une répression efficaces, la peine d'amende proportionnelle au produit tiré de l'infraction a laissé sa place à la peine de confiscation dont le maniement a été facilité par les différentes réformes ayant été adoptées sous l'impulsion du législateur et qui se révèle être une arme redoutable dans la lutte contre la délinquance lucrative.

129. Conclusion de la seconde partie. Nombreux sont ainsi les écueils dont souffre la peine d'amende proportionnelle au produit tiré de l'infraction et qui participent à la désavouer. En effet, en l'état actuel, ce mécanisme s'avère difficilement conciliable avec les principes directeurs du droit pénal ainsi que les différentes règles inhérentes à son application, venant ainsi grandement complexifier sa manipulation par l'ensemble des acteurs du système juridique français. Par ailleurs, malgré l'aversion de la matière pénale à l'égard de l'incertitude, les interrogations et doutes qui découlent de l'incorporation de cette peine particulière en son sein sont légion. Aussi n'est-il guère étonnant que cette peine essuie une inefficacité incontestable et imputable tant au législateur, qu'aux magistrats et autres membres de l'autorité judiciaire, ces derniers se tournant davantage vers une peine plus simple d'utilisation et tout aussi efficace qu'est la peine complémentaire de confiscation. Or, tout cela contribue à ce que la peine d'amende proportionnelle au produit tiré de l'infraction ne puisse demeurer en l'état et participe à ce qu'elle soit supprimée ou, à tout le moins, réformée.

CONCLUSION

130. Déception liée à la peine actuelle d'amende proportionnelle au produit de l'infraction. Sanction présentée comme étant particulièrement dissuasive et répressive[1], la peine d'amende proportionnelle au produit tiré de l'infraction pourrait se révéler être une arme de taille dans la lutte contre la criminalité, notamment celle relative au droit des affaires ou, de manière plus générale, au domaine économique. Toutefois, ce mécanisme, pourtant prometteur en théorie, se révèle délicat à manier en pratique en l'absence de régime juridique clair[2] et au regard des difficultés d'articulation de cette peine avec d'autres mécanismes classiques du droit pénal conduisant à une efficacité toute relative – pour ne pas dire absente – de celle-ci. De plus, le maintien persistant du flou entourant la notion de produit de l'infraction est à déplorer puisqu'elle représente une entrave de taille à une peine d'amende proportionnelle au produit tiré de l'infraction conforme aux espoirs que le législateur semble faire peser sur elle. En effet, le mécanisme de l'amende proportionnelle étant déjà difficile à mettre en œuvre, il semble ainsi peu opportun de lui rajouter, en outre, l'imprécision d'une notion telle que celle du produit tiré de l'infraction. La peine d'amende proportionnelle au produit tiré de l'infraction, telle que prévue actuellement à tout le moins, s'avère donc décevante.

131. Intervention législative nécessaire. Aussi, la poursuite[3] d'une étude approfondie sur le produit de l'infraction est préconisée par de nombreux auteurs[4] pour parvenir à une

1 V. supra n°25 et s.

2 Ingrain, C. & Lorrain R. (3 mars 2021). Les dysfonctionnements majeurs de l'amende proportionnelle. art. cit.

3 Un colloque ayant eu lieu à l'Université de Toulouse en date du 20 février 2018 portant sur le « produit de l'infraction » sous la direction des professeurs Beaussonie Guillaume et Segonds Marc ayant d'ores et déjà été organisé.

4 A titre d'exemple : Kostomaroff, A. (2019). L'effectivité de l'exécution des peines de confiscation. In Ascensi, L., Beauvai, P.

définition claire de ce qu'il est – ou n'est pas. Ce travail d'ampleur ne peut ainsi se faire que par une action mobilisée et coordonnée de la doctrine, de la jurisprudence et du législateur, ce dernier ayant la lourde tâche de consacrer une définition du produit qui s'imposera à tous. En tout état de cause, son intervention se révèle nécessaire afin de décider soit de la suppression de ce mécanisme répressif au sein du système juridique interne soit de son amélioration et celui de son régime en vue de son maintien. Aussi, contrairement à ce qui a pu être proposé en matière d'amende proportionnelle au chiffre d'affaires[1], l'extension du mécanisme de l'amende proportionnelle au produit tiré de l'infraction ne semble pas souhaitable en l'état actuel du mécanisme. Cette peine aurait alors tout à gagner à ce que le législateur se penche sérieusement sur cette question – apporter une définition du produit et un régime à l'amende proportionnelle – afin de lui assurer efficacité et rigueur[2], caractéristiques nécessaires à toutes peines, pécuniaire ou non.

132. Souhait de la mise en place d'outils efficaces. Il est donc nécessaire de mettre en place des outils d'identification mais surtout d'évaluation du produit de l'infraction efficaces afin de déterminer convenablement l'assiette de l'amende proportionnelle au produit tiré de l'infraction : le rôle et les fonctions dévolues à l'AGRASC en la matière et aux acteurs chargés des enquêtes patrimoniales pourraient ainsi être amenés à faire l'objet d'améliorations. Il serait également bénéfique, pour la justice française, d'améliorer ses modalités de

---

& Parizot, R. (2019). *La confiscation des avoirs criminels : nouveaux enjeux juridiques*. LGDJ.

1 V. par exemple, la proposition d'extension de l'amende proportionnelle au chiffre d'affaires aux infractions environnementales : Saint-Pau, J.-C. (2022). L'apport du droit pénal de l'environnement. In Lagoutte, J. (2022). *L'apport du droit privé à la protection de l'environnement*. Mare et Martin, coll. Droit, sciences et environnement.

2 Camous, E. (2019). Evaluer le montant de la peine patrimoniale, prochain défi de la lutte contre les enrichissements illicites. art. cit.

recouvrement des amendes pénales, ce qui atteindrait nécessairement le recouvrement des amendes proportionnelles au produit tiré de l'infraction. Ainsi, pourraient être mis en place un abattement de l'amende prononcée[1] si son paiement intervient sous une certaine période fixée préalablement ou encore une application ou plateforme facilitant le recouvrement des amendes pénales pour le justiciable.

133. Création d'une amende proportionnelle aux revenus des individus : une fausse bonne idée ? Enfin, faute d'une peine d'amende proportionnelle au produit tiré de l'infraction satisfaisante – en l'état –, peut-être serait-il envisageable de faire dépendre la peine d'amende des revenus ou du patrimoine du condamné pour certaines infractions punies d'une amende forfaitaire, à l'instar de ce qu'il se fait en Finlande[2] par exemple. Cette proposition, loin d'être nouvelle[3], permettrait de rétablir l'égalité entre les justiciables[4] et d'assurer les aspects répressif et dissuasif de l'amende sans pour autant recourir à une peine peu adaptée au système interne. Toutefois, même si cette option paraît plus juste[5] qu'une simple amende classique, le risque est grand de voir apparaître, derrière cette modalité particulière de fixation de l'amende, un avantage déraisonnable[6]

1 Dantras-Bioy, H. (2018). L'(in)efficacité économique de la peine d'amende. art. cit.

2 La Finlande utilise depuis 1920, pour certaines infractions routières, le système des jours-amendes, peine dont le montant est calculé à partir des revenus du délinquant. Bouzat, P. & Pinatel, J. (1970). *Traité de droit pénal et de criminologie : Droit pénal général.* op. cit.

3 Elle était, par exemple, d'ores et déjà utilisée sous l'ère Edo au Japon : Hideichi, M., Itsuji, Y., Jun'ichiro, F. et autres (1991). *Dictionnaire historique du Japon*, vol. 17. Maison Franco-japonaise.

4 Bioy, H. (2014). *Le jour-amende en droit pénal français*. Dalloz, coll. Bibliothèque de la justice.

5 Donnedieu de Vabres, H. (1947). Traité de droit criminel et de législation pénale comparée. op. cit.

6 Friedman, G.-M. (1983). West German Day-Fine System - A Possibility for the United States? *University of Chicago Law Review*. Vol. 50. p.281-304

pour les personnes les plus modestes, raison pour laquelle un encadrement strict de ce mécanisme répressif serait nécessaire afin d'éviter tout abus.

ANNEXES

Annexe n°1 : Peines principales prononcées dans les condamnations en 2021.

Annexe n°2 : Evolution du taux de recouvrement et des montants pris en charge.

Annexe n°3 : Taux de recouvrement, montants recouvrés et nombre de condamnations en fonction du type de contentieux.

Annexe n°4 : Interview en date du 28 avril 2023 de M. Moynot Charles, Premier vice-président adjoint et coordonnateur de la JIRS au Tribunal Judiciaire de Bordeaux.

Annexe n°1 : Peines principales prononcées dans les condamnations en 2021.

	Toutes condamnations		dont crimes		dont délits	
	effectif	%	effectif	%	effectif	%
Total des peines	555 078	100	2 748	100	546 108	100
Réclusion criminelle	1 529	0,3	1 529	55,6	so	so
Peine d'emprisonnement	265 049	47,7	1 174	42,7	263 875	48,3
Emprisonnement ferme	84 893	15,3	601	21,9	84 292	15,4
Emprisonnement sursis partiel	34 771	6,3	316	11,5	34 455	6,3
Emprisonnement sursis total	145 385	26,2	257	9,4	145 128	26,6
Contrainte pénale	14	0,0	0	0,0	14	0,0
DDSE[2]	1 378	0,2	0	0,0	1 378	0,3
Amende	180 056	32,4	0	0,0	174 529	32,0
Peine de substitution	79 139	14,3	<5	nc	78 766	14,4
dont suspension permis conduire	*6 823*	*1,2*	*0*	*0,0*	*6 646*	*1,2*
TIG[1]	*15 999*	*2,9*	*0*	*0,0*	*15 953*	*2,9*
jour amende	*34 364*	*6,2*	*0*	*0,0*	*34 364*	*6,3*
interdiction du permis de conduire	*1 164*	*0,2*	*0*	*0,0*	*1 164*	*0,2*
Sanction et mesure éducatives	25 018	4,5	nc	nc	24 687	4,5
Dispense de peine	2 895	0,5	0	0,0	2 859	0,5

1. Travail d'intérêt général
2. Détention à domicile sous surveillance électronique
<5 : volume inférieur à 5 non communiqué en raison du secret statistique
nc : non communiqué en raison du secret statistique

Source : Ministère de la justice/SG/SDSE, fichier statistique du Casier judiciaire national des personnes physiques

Peines principales prononcées en 2021

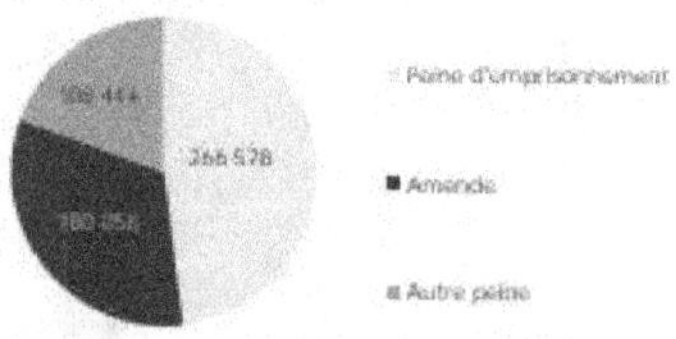

Source : Ministère de la justice/SG/SDSE, fichier statistique du Casier judiciaire national des personnes physiques

Annexe n°2 : Evolution du taux de recouvrement et des montants pris en charge

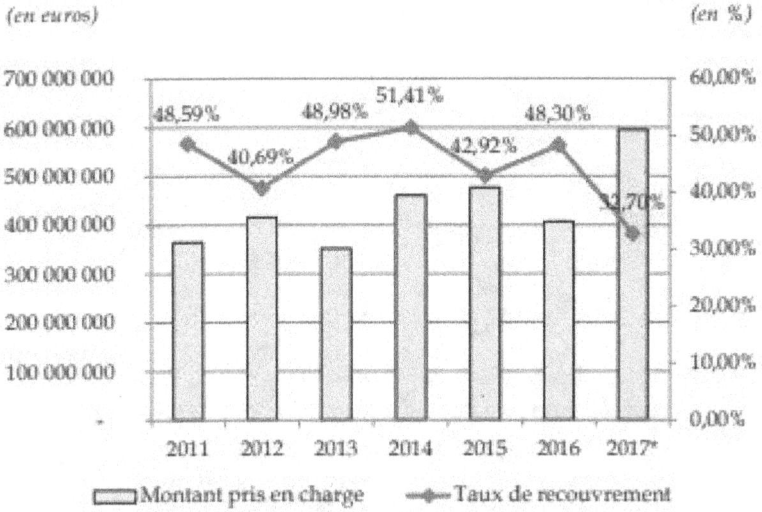

* Données provisoires, au 31 août 2018.

Source : commission des finances du Sénat à partir des données Icam transmises par le ministère de l'économie et des finances

Annexe n°3 : Taux de recouvrement, montants recouvrés et nombre de condamnations en fonction du type de contentieux.

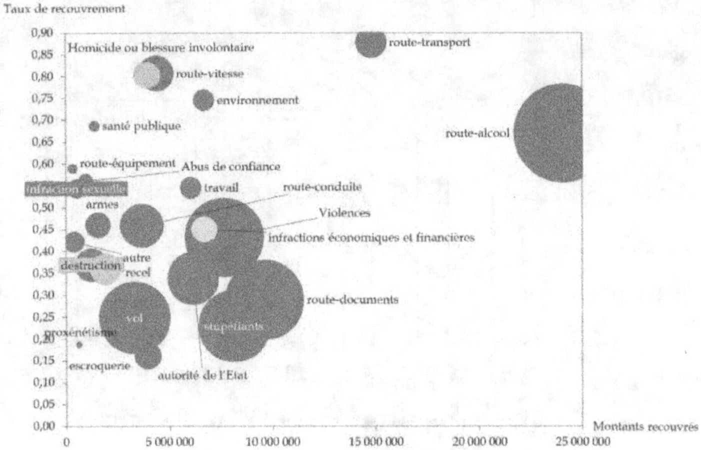

Note de lecture : la taille des bulles dépend du nombre de condamnations pour chaque type de contentieux.
Source : commission des finances du Sénat à partir des données transmises par ministère de la justice

Annexe n°4 : Interview en date du 28 avril 2023 de M. Charles Moynot, Premier vice-président adjoint et coordonnateur de la JIRS au Tribunal Judiciaire de Bordeaux.

Q : Dans les textes, on se demande si la peine d'amende proportionnalité est proportionnée ou individualisée, on nous dit qu'elle a un aspect dissuasif et répressif. Toutefois, il n'existe pas de chiffres précis spécifiques à cette peine d'amende proportionnelle. Les magistrats sont-ils formés à cette peine à l'ENM ?

R : Il y a plusieurs choses. D'abord, en ce qui concerne l'ENM, à ma connaissance, il n'existe pas de formation spécifique, en tout cas pas en formation initiale, car l'école forme des magistrats généralistes et des jeunes magistrats qui doivent être à même de prendre leurs premières fonctions dans des conditions opérationnelles satisfaisantes. Il faut donc les former à être indifféremment juge des enfants, juge des affaires familiales, juge de l'exécution, substitut, juge d'application des peines, juge d'instruction ou président de correctionnel. On ne peut pas rentrer dans des spécificités très particulières de certains domaines de la répression de la délinquance. Il n'y a pas de formation spécifique là-dessus de même qu'il n'y a pas de formation spécifique sur la lutte contre la délinquance organisée à ce stade là. Ensuite, au titre de la formation continue, il y a plein de modules de formation complémentaire qui existent. Je ne suis pas sûr qu'il y en ait spécifiquement sur ce sujet : je n'en ai jamais vu mais je n'en ai jamais spécifiquement cherché non plus. Donc, à mon sens non mais je ne veux pas vous dire de bêtises.

Ensuite, effectivement, il y a une volonté du législateur, depuis un certain nombre d'années maintenant, d'aller dans cette direction pour renforcer l'efficacité de la sanction financière dans certains domaines d'infractions. Cela donne toujours lieu à des débats importants avec une jurisprudence constitutionnelle qui veille toujours à ce qu'on reste dans des proportions et à ce que le respect du principe de nécessité et de proportionnalité des peines qui soit correctement rempli. C'est un sujet que je connais un peu pour avoir travaillé dessus comme magistrat mais également comme magistrat d'administration centrale dans des bureaux législatifs pour écrire un certain nombre de textes de loi dans lesquels ces questions là ont pu être discutées. Ce que je dirais, en pratique, c'est que c'est assez peu utilisé dans les domaines auxquels on pense spontanément.

A mon sens, le contentieux dans lequel ça s'applique le plus fréquemment est la matière douanière et, en particulier, les infractions douanières à la législation sur les stupéfiants. Pour simplifier, les trafics de produits stupéfiants sont réprimés à la fois par le Code pénal et par le code des douanes. On peut donc être à la fois poursuivi et condamné pour un trafic de produits stupéfiants au sens du Code pénal (pas une amende proportionnelle au produit tiré de l'infraction mais une amende avec un plafond fixe tout à fait traditionnelle) et/ou on peut être poursuivi pour des délits qualifiés différemment mais qui sont en substance les mêmes que sont la contrebande de marchandises dangereuses pour la santé, cadre dans lequel entrent naturellement les produits stupéfiants, pour lequel l'amende douanière encourue est proportionnelle à la valeur des marchandises de contrebande. De manière systématique, quand l'administration des douanes intervient dans la procédure pour demander l'application d'une amende douanière, ce sont toutes les procédures qui ont commencé par un contrôle de l'administration des douanes et qui ont ensuite été judiciarisées. Donc quand la procédure est douanière à l'origine, les douanes suivent jusqu'au bout, viennent à l'audience et demandent l'application de la pénalité douanière spécifique en plus des sanctions pénales et développent systématiquement, dans leurs conclusions et demandes, un raisonnement qui explique quelles sont les quantités de marchandises qui ont été constatées, saisies, quelles sont les quantités de marchandises dont les transferts, les importations ont été reconstitués d'après les investigations. Sur la base de cette quantité, les douanes vont expliquer quelles sont les valeurs de marché des produits stupéfiants concernés avec des fourchettes par l'usage de la documentation remise à jour chaque année ainsi que l'Observatoire national qui permet d'avoir des éléments chiffrés sur les différences de prix à la consommation, et proposent d'appliquer une fois, deux fois, trois fois la valeur de la marchandise de contrebande, ce qui peut donner des sommes tout à fait considérables : on prononce régulièrement des amendes douanières de plusieurs millions d'euros à payer solidairement par toutes les personnes condamnées au titre des infractions douanières. C'est donc une application extrêmement fréquente. Ce n'est pas totalement une amende proportionnelle au produit de l'infraction mais c'est la même logique de dire proportionnelle à la valeur de revente de la marchandise donc cela se rattache quand même au produit que les auteurs des infractions pouvaient espérer tirer de la commission des infractions.

Deuxième domaine, les infractions de blanchiment douanier qui permet de confisquer les fonds, les sommes blanchies et de prononcer une amende égale à la moitié de la valeur des fonds blanchis. On a encore une fois ce système de proportionnalité avec un montant maximum et un calcul possible en fonction des montants blanchis que l'on peut aller confisquer ou avoir une pénalité équivalente à la moitié de la somme. Pour moi, on n'en a quasi jamais car ce blanchiment, quand il est poursuivi, est toujours poursuivi avec du blanchiment général même s'ils n'ont pas des régimes de sanctions identiques. Au titre du délit général de blanchiment, l'article 131-21 du Code pénal prévoit la possibilité de confisquer tout ou partie du patrimoine de la personne qui est condamnée et de prononcer une amende qu'on va évaluer, évidemment, notamment en fonction du montant des sommes mais qu'on ne va pas rattacher juridiquement à ce montant. On confisque ce qui a été saisi et on le relie à cette confiscation générale du patrimoine parce que cela est pratique et évite de se lancer tant dans des calculs savants que dans des justifications qui sont souvent un peu aléatoires.

En matière de corruption, de trafic d'influence, d'atteinte à la probité publique de manière générale, je ne l'ai jamais vue appliquée dans le cadre de poursuites pénales parce que les amendes encourues sont déjà importantes et parce que, en réalité, le produit de l'infraction en matière d'infraction d'atteinte à la probité publique, on ne sait pas très bien définir ce que c'est. Il y a un rapport ancien de l'ONU de lutte contre les drogues et le crime qui est précisément sur ce sujet de la confiscation du produit de l'infraction en matière de corruption. Qu'est-ce que le produit de l'infraction de corruption ? C'est la marge bénéficiaire de l'entreprise ? Du marché ? C'est la marge brute ? L'intégralité du chiffre d'affaires ? On peut donc avoir une appréciation très différente. Pourquoi est-ce important ? Si on veut simplifier le débat, parce que si on dit que le produit de l'infraction est la totalité du chiffre d'affaires, on voit bien qu'en réalité, on déforme la réalité et on va très loin dans ce qu'il faut englober dans le produit de l'infraction. Mais, si on dit qu'on ne prend en compte que le bénéfice escompté de l'opération, la marge bénéficiaire de l'entreprise, c'est presque une incitation à commettre de la corruption car si on ne prononce une sanction qu'à hauteur du bénéfice, cela veut dire que l'entreprise va s'en tirer avec un bénéfice zéro mais elle rentrera dans ses frais donc il n'y a pas de risque autre que de ne pas faire de bénéfice, ce qui n'est pas une sanction dissuasive. Quand on discute de ça dans le cadre de l'ONU, avec comme base la convention de Mérida sur la corruption, on a des évaluations mutuelles par les pairs pour s'assurer que chacun des signataires de la convention la met en œuvre de façon effective et satisfaisante dans une logique vertueuse. Cela permet de voir comment les autres états appréhendent les choses puisqu'il n'y a pas de réponse harmonisée. En France, il n'y a aucun texte qui dit qu'on peut prendre l'intégralité du chiffre d'affaires de la boîte que l'on a condamné pour corruption d'agent public étranger.

Ainsi, en pratique, les affaires de corruption se résolvent par des peines d'emprisonnement et par des peines d'amende qui sont fixées de manière tout à fait classique. Je n'ai pas d'exemple qui vienne contredire ça.

Il y a une évolution importante dans ce domaine là, dont je n'ai pas d'illustration à Bordeaux mais à Paris, avec la CJIP. [...] Dans ce système, on a des sommes transactionnelles avec des montants absolument vertigineux. Cela va avec la logique américaine de ce qu'on appelle les dommages punitifs avec, au-delà du simple dédommagement du préjudice, une somme qui a une vertu punitive. Si on transpose cela chez nous et dans notre raisonnement à nous, nous n'avons pas ça en matière civile. En réalité, dans les manières de calculer ou dans les communiqués de presse, on est beaucoup plus dans des notions de proportionnalité par rapport au chiffre d'affaires, aux enjeux financiers en cause dans une logique de dire qu'on est dans quelque chose qui est de l'ordre de la sanction, même si cela relève d'un artifice juridique. Même si d'un point de vue juridique, la CJIP n'est pas une amende, la sociologie dit, qu'à l'évidence, c'est une sanction.

L'autre secteur dans lequel cela s'applique sont les infractions au droit de la consommation où on a parfois des amendes proportionnelles car quand vous avez des infractions de tromperie en matière de code de la consommation, concrètement, le tribunal va plus facilement avoir tendance à se référer au chiffre d'affaires que l'enseigne a tiré de l'infraction. Là, effectivement, c'est une chose qui trouve plus facilement à s'appliquer.

Voilà pour brosser un tableau un peu général.

Q : Cette peine d'amende proportionnelle est-elle beaucoup demandée par l'accusation ?

R : Non, elle n'est pas beaucoup demandée sauf par les administrations des douanes, ce qui n'est pas mal puisque c'est une logique propre à la matière douanière : la contrebande de marchandises prohibées va se solder par des sanctions au moins égales à la valeur des marchandises concernées. C'est une logique propre à la matière douanière que personne ne conteste réellement. Comme on peut aller très au-delà d'une fois la valeur des marchandises, ça peut chiffrer. Quand vous avez des trafics de produits stupéfiants où on a des valeurs de marchandises qui représentent elles-mêmes plusieurs millions d'euros, on peut rapidement arriver à des sommes qui sont considérables. Ce n'est pas rare que nos amendes douanières soient entre 5 et 10 millions d'euros, qu'on prononce alors qu'on sait pertinemment qu'elles ne seront pas payées.

Q : Justement, j'ai lu qu'il y avait un taux de recouvrement parfois jugé insatisfaisant. Est-ce que cela se voit également en matière financière ?

R : Cela se voit dans toutes les matières. C'est un autre aspect de la question, qui n'est pas spécifique au fait de savoir si l'amende est proportionnelle ou non, qui est un sujet spécifique au fait de savoir comment on a évolué sur la conception de la sanction financière. Depuis 2010, pour dire les choses simplement, et la loi sur les saisies et les confiscations en matière pénale et la création de l'AGRASC avec la création d'un régime juridique propre pour les saisies et les confiscations en matière pénale qui n'existaient pas auparavant. Avant ça, on était dans le régime des voies civiles d'exécution avec, évidemment, des difficultés souvent insurpassables d'embûches procédurales, de magistrats pénaux qui ne sont pas des experts de la procédure civile d'exécution, des conflits : c'était compliqué. Le constat était que cela ne fonctionnait pas beaucoup. La mission de préfiguration de l'agence de gestion et de recouvrement des biens saisis et confisqués avait fait le tour des juridictions pour demander quels étaient les montants des saisies ordonnées dans les plus gros dossiers puis était allée vérifier la réalité de ces saisies. Les saisies marchaient quand on avait ordonné la saisie d'un véhicule et qu'il était au fond d'une fourrière ou d'un garage. Cela était beaucoup moins vrai pour les saisies de comptes bancaires puisque les magistrats envoyaient des réquisitions aux établissements bancaires pour geler les fonds qui étaient inscrits sur les comptes mais cela n'était pas exécuté. C'est pour ça, en grande partie, qu'a été créé ce mécanisme de centralisation des saisies de sommes au sein de l'AGRASC avec un compte ouvert auprès de la Caisse des dépôts de consignation pour être sûr d'avoir, quand on ordonne une saisie, les fonds saisis. Concrètement, dans les dossiers d'instruction, on a toujours cette différence, c'est-à-dire que le magistrat fait ses réquisitions à la banque mais le temps qu'elle procède à la saisie, il y a déjà eu des mouvements donc la somme saisie de manière effective n'est jamais exactement celle pour laquelle on a le montant de la réponse à la réquisition initiale. Du coup, le juge d'instruction va ordonner le maintien de la saisie non pas de la somme initiale mais de la saisie qui a effectivement été transférée par l'établissement bancaire de sorte que, on le sait, quand on a ordonné la saisie d'un million d'euros, ça ne veut pas dire qu'on a un million d'euros à la caisse de dépôt et de consignation.

Quelle est la logique derrière ça ? C'est de dire que quand on prononce une sanction financière ou patrimoniale, elle soit effective. On voyait bien qu'ordonner la confiscation d'un million d'euros si on ne les a pas déjà gelés, ça ne sert à rien parce qu'on n'arrivera jamais à recouvrer une telle somme. Donc, on a beaucoup incité les juridictions à dire « si vous voulez de la sanction patrimoniale, saisissez un maximum de choses et une fois que vous aurez saisi, vous pourrez confisquer puisque cela est exécutable simplement ».

Pour ce qui est des amendes, l'autre mécanisme est le mécanisme du contrôle judiciaire avec cautionnement préalable. Le versement peut être réalisé préalablement à la mise en liberté de l'individu ou pas. Ce cautionnement sert à deux choses : garantir la représentation de la personne en justice et garantir le paiement des amendes. Le juge doit dire dans sa décision quelle est la proportion de ce cautionnement destinée à garantir la représentation en justice et quelle est la proportion de ce cautionnement destinée à garantir le recouvrement des amendes.

Quand on a un contrôle judiciaire avec un cautionnement qui a été versé, dont une partie est affectée au paiement de l'amende, la juridiction aura tendance à dire qu'elle a la somme sous la main et la seule manière de la garder est de faire payer une amende équivalente. La juridiction aura donc tendance à prononcer, si cela paraît adapté, une amende dont le montant équivaut à celui de la partie du cautionnement destiné à garantir le recouvrement des amendes. Si cela ne paraît pas adapté, demander à une personne de payer une amende significative alors qu'on n'a pas le début d'un centime en caisse, on sait que cela va être des procédures à n'en plus finir pour recouvrir ces sommes. Cela ne veut pas dire qu'on s'interdit de prononcer des amendes mais c'est forcément un élément que le juge prend en considération dans le choix de la peine.

Comme, par ailleurs, il y a la possibilité d'avoir des sanctions financières par le biais des confiscations, avec des textes qui ont été élargis de manière considérable, on va plus facilement aller vers une confiscation que vers l'amende avec un dernier argument en faveur de la confiscation par rapport à l'amende : ce sont les dossiers où il y a des victimes. Si j'ai une victime qui demande le paiement de dommages et intérêts en réparation d'un préjudice et que j'ai l'intention de lui allouer effectivement des sommes significatives pour réparer un préjudice que j'estime important, je vais avoir le souci de savoir si le condamné va être en mesure de payer effectivement. Cela ne m'empêchera pas de le condamner mais j'ai quand même ce souci. Or, si on a un condamné qui n'a pas des ressources inépuisables, si je le condamne à une amende, cette dernière sera autant qu'il aura en moins pour payer la victime parce que je n'ai pas de mécanisme de compensation entre l'amende et les dommages et intérêts dus à la victime alors que cela est prévu en matière de confiscation. Il y a un texte de loi qui prévoit que la victime qui a obtenu des dommages et intérêts de la juridiction peut en obtenir le paiement sur la valeur des biens confisqués à charge pour l'État de se retourner contre la personne condamnée pour récupérer les sous. Donc, si j'ai beaucoup de sommes confisquées, j'ai une assiette plus importante pour dédommager les victimes. Alors, à la fin, c'est à la charge de l'État, c'est vrai mais, au moins, le juge sait que la victime sera désintéressée au moins partiellement s'il y a une confiscation. Donc, si j'ai le choix entre un million de confiscation et un million d'amende, que j'ai une victime en face qui a été fauchée à l'occasion d'un rodéo urbain et qui se retrouve paraplégique à vie avec des dommages et intérêts importants, j'ai tout intérêt à dire que je confisque la Ferrari qui a servi au rodéo et qui vaut, admettons, un million plutôt que de lui laisser et le condamner à une amende de un million d'euros.

Q : Dans les articles de doctrine, les auteurs expliquent que les peines d'amende proportionnelle servaient de palliatif d'une peine de confiscation jugée trop complexe. Qu'en pensez-vous ?

R : La complexité de la confiscation est restée dans l'esprit d'un certain nombre de personnes alors qu'aujourd'hui, ce qui est compliqué, n'est pas de confisquer mais d'identifier l'assiette de confiscation, de faire l'enquête patrimoniale pour identifier ce qui est susceptible de confiscation. Une fois qu'on a identifié qu'on a une Ferrari, un compte en banque, un contrat d'assurance-vie, une maison ou quoi que ce soit, ce n'est pas si compliqué que ça de confisquer. Il peut y avoir des organisations d'insolvabilité, des sociétés avec prête-nom, des montages plus ou moins complexes pour faire en sorte qu'on ne voit pas que la personne condamnée est le bénéficiaire effectif de tel ou tel bien, parce qu'on aura fait un faux emprunt bancaire avec une hypothèque artificielle pour faire obstacle aux saisies. Il existe tout un tas de mécanismes qui permettent de faire échec aux saisies et aux confiscations puisque la loi prévoit que la saisie pénale prime sur tout mais, en revanche, si je prononce la confiscation, au moment de la liquidation, tous les créanciers régulièrement inscrits avant la saisie pénale vont être dédommagés sur le montant de la vente du bien confisqué.

[…]

Il y a des mécanismes juridiques pas si compliqués que ça qui permettent de faire obstacle concrètement aux procédures de saisie et de confiscation. Dans l'hypothèse où l'on n'a pas réussi à identifier les biens car les états ne coopèrent pas (Israël ou le Royaume du Maroc), il est impossible de confisquer un bien situé dans un de ces états puisqu'ils veulent bien réaliser la coopération mais ils veulent réaliser eux-mêmes l'enquête et condamner les individus afin de garder l'objet de la confiscation pour eux.

[…]

Dans les hypothèses où on est confronté à un obstacle très important pour que la sanction financière sous forme de confiscation soit efficace, on peut avoir la tentation de se dire que, plutôt que de prononcer une confiscation en l'air sur des biens sur lesquels on n'a pas la disposition, mieux vaut prononcer une amende. A ce moment-là, on peut retomber sur l'intérêt d'avoir une amende proportionnelle pour avoir une sanction financière extrêmement élevée parce qu'il peut y avoir une portée symbolique.

Dans une décision de justice, il faut comprendre qu'une partie de la question est celle de savoir quelle est la peine que l'on veut voir exécuter concrètement et puis il y a aussi une partie qui est de se demander quelle est la signification de la peine qu'on prononce même si c'est une peine de l'ordre du symbolique. Il y a une manière de donner un message et d'essayer de montrer quelle est la teneur du dossier sous la condamnation dans le casier judiciaire pour que le juge suivant comprenne que c'était une affaire sérieuse. On peut ainsi avoir tendance à augmenter les quantum même si on n'augmente pas la peine de prison ferme effectivement exécutée mais d'augmenter la partie avec sursis pour signifier la gravité de l'affaire. Ce qui est valable pour l'emprisonnement est également valable pour l'amende : ce n'est pas parce qu'on pense qu'une personne ne paiera pas son amende qu'on ne va pas la prononcer : il peut arriver qu'on estime que, même symboliquement, il est important de marquer les esprits et d'envoyer un message clair et prononcer, le cas échéant, une amende proportionnelle pourquoi pas, ce n'est pas impossible.

Q : Dans la délinquance d'affaires, il n'est pas rare que les faits à l'origine de l'infraction soient imputables tant à une personne morale qu'à une personne physique. Comment articulez-vous ces deux responsabilités ?

R : Il est plus difficile de poursuivre et de condamner la personne morale puisqu'il faut que les agissements aient été faits par ses représentants ou des personnes ayant le pouvoir d'engager la société. Il y a un certain nombre de conditions qui impliquent un plus grand nombre de preuves à apporter dans le cadre du dossier. En réalité, le plus souvent, ce qu'il y a de plus facile, est de poursuivre la personne physique, la personne qui a concrètement effectué l'acte qui est reproché. C'est en poursuivant cette personne, en l'interrogeant, en la plaçant en garde à vue, qu'on va, petit à petit faire émerger si la personne morale a une responsabilité propre.

[...]

Finalement, on poursuit peu les personnes morales. Trop peu.

[...]

Un domaine où l'amende proportionnelle s'applique beaucoup est la matière boursière avec des sanctions par l'AMF, pour les manquements d'initié, et le juge pénal, pour les délits d'initié. On a une tradition de l'AMF de prononcer des sanctions proportionnelles, financières extrêmement lourdes dans des procédures assez rapides pour avoir un impact économique réel pour rétablir l'équilibre de marché. Forcément, si l'AMF a ce genre de pratiques avec des sanctions financières très fortes, l'autorité judiciaire, qui spontanément n'aurait pas prononcé les mêmes sanctions financières, va dire que si elle ne veut pas être complètement ridicule comparé à l'AMF, il faut une sanction pénale qui ressemble à quelque chose. Cela a un effet de rattrapage et d'incitation de l'autorité judiciaire à prononcer des amendes pénales qui peuvent être élevées.

Le dernier endroit où l'on a ça est l'Autorité de la concurrence qui ne prononce pas de sanctions pénales mais on a ce mécanisme d'amende, qui n'est pas pénale, proportionnelle qui existe également et qui sont réellement prononcées par l'Autorité de la concurrence.

BIBLIOGRAPHIE

Dictionnaires

Belloir-Caux, B. (2013). *Dictionnaire de droit des biens*. Ellipses, coll. Dictionnaires de droit.

Beziz-Ayache, A. (2016). *Dictionnaire de droit pénal général et procédure pénale* (6e éd.), coll. Dictionnaires de droit. Ellipses.

Cabrillac, R. et autres (2020). *Dictionnaire du vocabulaire juridique* (12e éd.). LexisNexis.

Cornu, G. (2022). *Vocabulaire juridique : Association Henri Capitant* (14e éd.). PUF.

Elisalde, Y. (2017). *Vocabulaire philosophique*. Vol. IV : Les mots de la politique. Editions Bréal.

Guinchard, S., Debard, T., et autres (2021). Lexique des termes juridiques (29e éd). Dalloz.

Ouvrages et manuels

Acollas, E. (2014). *Les Delits Et Les Peines*. Hachette Livre – BNF.

Ascensi, L. (2021). *Droit et pratique des saisies et confiscations pénales*. Dalloz, coll. Dalloz référence.

Aynès, L., Malaurie, P. (2022). *Droit des obligations* (12e éd.). LGDJ.

Badinter, R. (1988). *Projet de nouveau Code pénal*. Dalloz.

Beaussonie, G., Véron, M. (2022). *Droit pénal des affaires* (13e éd.). Dalloz, coll. Cours.

Bebin, X. (2006). *Pourquoi punir ? L'approche utilitariste de la sanction pénale*. L'Harmattan.

Beccaria, C.(1764). *Des délits et des peines*.

Bentham, J. (1802). *Traité de législation civile et pénale* (éd.2010). Dalloz, Bibliothèque Dalloz.

Bodin, J. (1576). *Les six livres de la République*.

Bonis-Garçon, É., Peltier, V. (2019). *Droit de la peine*. LexisNexis.

Bouzat, P. & Pinatel, J. (1970). *Traité de droit pénal et de criminologie : Droit pénal général* (2e éd), T.I, Librairie Dalloz.

Carbasse, J. (2014). *Histoire du droit pénal et de la justice criminelle*. PUF.

Carbasse J.-M. (1999). Le juge entre la loi et la justice: approches médiévales. *La conscience du juge dans la tradition juridique européenne*. PUF.

Carbonnier, J. (2000). Droit civil : monnaie, immeubles, meubles. Les Biens (19 éd.). Thémis. PUF. p.108.

Combe, E., & Canivet, G. (2020). Économie et politique de la concurrence (2e éd.). Coll. Précis, Dalloz.

Constantin, L., Gautrat, A., & Cassagnau, G. (1937). Traité de droit pénal en matière de sociétés. Librairie Arthur Rousseau.

Décima, O., Detraz, S., & Verny, É. (2022). *Droit pénal général*. LGDJ.

Detraz, S., Salomon, R. (2021). *Précis de droit pénal fiscal*. LexisNexis.

Dreyer, E. (2021). *Droit pénal général* (4e éd.). Lexis Nexis.

Donnedieu de Vabres, H. (1947). *Traité de droit criminel et de législation pénale comparée* (3e éd.). Librairie du Recueil Sirey.

Garofalo, R. (1890). *La criminologie*.

Garraud, P., Garraud, R. (1913). *Traité théorique et pratique du droit pénal français* (3e éd.). Recueil Sirey

Giacopelli, M., & Ponseille, A. (2019). *Droit de la peine*. LGDJ.

Gilardeau, E. (2011). *A l'aube du droit pénal utilitaire*. L'Harmattan.

Grotius, H. (1625). *De hure belli ac pacis (Le droit de la Guerre et de la Paix)*.

Guihal, D. (2008). *Droit répressif de l'environnement* (3e éd.). Economica.

Jeanclos, Y. (2012). *La peine : Miroir de la justice.* Lextenso éditions.

Jeandidier, W. (2005). *Droit pénal des affaires* (6e éd.). Dalloz, coll. Précis.

Larguier, J., Conte, P., & Maistre du Chambon, P. (2018). Droit pénal général (23e éd.). Dalloz, coll. Les Mémentos Dalloz, Série droit privé.

Larouche, P., Mackaay, E., Parent, A. & Rousseau, S. (2021). *Analyse économique du droit* (3e éd.). Dalloz, coll. Méthodes du droit.

Léost, V. R. (2001). *Droit pénal de l'urbanisme*. Le Moniteur.

Lepage, A., Maistre du Chambon, P., Salomon, R. (2020). *Droit pénal des affaires* (6e éd.). LexisNexis.

Malabat, V. (2009) *La réforme du code pénal et du code de procédure pénale – Opinio doctorum/* Dalloz, coll. Thèmes et commentaires.

Malabat, V. (2022). *Droit pénal spécial* (10e éd.). Dalloz, coll. HyperCours.

Mayaud, Y. (2021). *Droit pénal général* (7e éd.). PUF.

Merle, R. & Vitu A. (1967). *Traité de droit criminel* (1e éd.). T.1, Cujas.

Montesquieu (1748). *De l'esprit des lois*. Livre XXIX, chap. 13.

Moore, T. (1515). *Utopie.*

Ortolan, J. (1863). *Elements de droit pénal : pénalité, juridictions, procédure* (3e éd.). T. I.

Peltier, V. (2018). *Le sens de la peine*. Pulim.

Pin, X. (2022). *Droit pénal général* (14e éd.). Dalloz, coll. Cours.

Poncela, P. (2001). *Droit de la peine*. PUF.

Pradel, J. (2016). *Droit pénal comparé* (4e éd.). Dalloz, coll. Précis.

Pradel, J. (2019). *Droit pénal général* (22e éd.). Éditions Cujas.

Raschel, E. (2022). *Droit pénal.* Ellipses.

Rassat, M.-L. (1999). *Droit pénal* (2e éd.), PUF, coll. Droit fondamental, n°359.

Rassat, M.-L. (2018). *Droit pénal spécial*. Précis Dalloz.
Royer, G. (2009). *L'efficience en droit pénal économique : étude de droit positif à la lumière de l'analyse économique du droit*. LGDJ.

Smith, A. (1776). *Recherches sur la nature et les causes de la richesse des nations*.
Sutherland, E. (1937). *The professional Thief.*

Tarde, G. (1890). *Les lois de l'imitation.*

Véron, M. (2016). *Droit pénal des affaires* (11e éd.). Dalloz, coll. Cours série Droit privé.

Thèses et mémoires

Amat, Q. (2022). *Le principe de proportionnalité en droit de la propriété intellectuelle* [Thèse de doctorat, Université Paris-Est Créteil].
Bioy, H. (2014). *Le jour-amende en droit pénal français*. Dalloz, coll. Bibliothèque de la justice.
Duclos-Grécourt, M.-L. (2014). L'idée de loi au XVIIIe siècle dans la pensée des des juristes français (1715 – 1789). PU Juridiques de Poitiers, coll. Thèses.
Fournier de Crouy, N. (2018). *La faute lucrative.* Economica, coll. Recherches juridiques.
Peter, M. (2018). *Les saisies pénales spéciales. Une évolution majeure pour une stratégie pénale patrimoniale repensée*. [Thèse de doctorat, Université Aix-Marseille]
Potier, J. (2012). *Le prononcé de l'amende* [Mémoire de recherches, Université de Reims Champagne-Ardenne].

Articles, notes de jurisprudence, contributions à un ouvrage collectif, communications écrites à un colloque

Almaseanu, S. (2017). Le refus de restitution de l'instrument ou du produit de l'infraction en procédure pénale. *Gaz. Pal.*, n° 282, p. 16.
Almaseanu, S. (2018). La protection du propriétaire de bonne foi en cas de confiscation du produit ou de l'objet de l'infraction. *Gaz. Pal.* n°337. p.18.
Ascensi, L. (2020). A la recherche de l'objet de l'infraction – Réflexions sur le troisième alinéa de l'article 131-21 du Code pénal. *La lettre juridique, n°832.*

Ballot-Squirawski, C. (2022). Du concours idéal de qualifications, Pour l'éviction de *non bis in idem* au profit d'un principe autonome d'unicité de qualification. *RSC*, n°4, p.797-80.
Barilari, A. (2014). Chron. sous Cons. const., 4 décembre 2013, n°2013-679 DC. Constitutions, 68.
Baron, E. (2018). De Gary Becker à aujourd'hui : aspects historiques de l'analyse économique du droit en matière pénale. In Claverie-Rousset, C. *Analyse économique du droit et matière pénale*. LexisNexis.
Bavitot, A. (2019). L'amende à taux mobile. *AJ Pénal*, *1*, p.18.
Beaussonie, G. (2020). Le produit de l'infraction et le principe de la personnalité des délits et des peines. *Annales de l'Institut de criminologie et de sciences pénales Roger Merle.* Vol. 1. p.133-143.
Becker, G.-S. (1968). Crime and Punishment, an Economic Approach. *Journal of Political Economy*, vol. LXXVI, p.169.
Bellon, A. (2011). Qu'est-ce que l'économie ?. *Humanisme*, 291, p.32-37.
Bernardi., A. (1990). L'amende dans une perspective européenne. *Quelques aspects de sciences criminelles, Travaux de l'Institut de sciences criminelles de Poitiers*. Vol. X. p.5-29.
Bétemps, J., Wagner M. (2013). Peine complémentaire de confiscation : bien (mal) acquis ne profite jamais ?. *Dr. Pén.*, n°1.
Beziz-Ayache, A. (2017). *Peines complémentaires*. Rép. Pén., Dalloz.
Bouckaert, B., de Geest, G. (2000). *The Economics of Crime and Litigation*, éd. Cheltenham et Edward Elgar, p.307 et s. a

Bourgoin, N. (2013). État des lieux. *La révolution sécuritaire (1976-2012)*. Nîmes: Champ social. p.17-32.
Bouloc, B. (2006). Remarques sur l'élément matériel du recel. *Mél. en l'honneur du professeur Reynald Ottenhof.*. Coll. Etudes, mélanges, travaux. Dalloz. p.353.
Braibant, G. (1974). Le principe de proportionnalité. *Mél. offerts à Marcel Waline : le juge et le droit public*. LGDJ. T. II. p.298.

Camous, E. (2018). La peine patrimoniale : une alternative prospective à la peine d'emprisonnement. *AJ pénal*. N°28.
Camous, E. (2019). Evaluer le montant de la peine patrimoniale, prochain défi de la lutte contre les enrichissements illicites. *Droit pénal,* n°12.
Camous, E. (2019). Le droit de propriété et la peine de confiscation. *Droit pénal*, n°3.
Camous, E. (2020). La saisie du produit de l'infraction. *Annales de l'Institut de criminologie et de sciences pénales Roger Merle.* Vol. 1. p.189-195.
Chetard, G. (2013). La proportionnalité de la répression dans la jurisprudence du Conseil constitutionnel. *RSC*, n°1, p.51-71.
Chu, C. & Jiang, N. (1993). Are fines more efficients than imprisonment ?. *Journal of Public Economics*, p.391 et s.
Cusson, M. (2006). L'effet intimidant des sanctions pénales à la lumière des recherches récentes sur le calcul côuts-bénéfices des délinquants. *Le droit pénal à l'aube du troisième millénaire, Mél. offert à Jean Pradel*, LGDJ, p. 741-752.

Dantras-Bioy, H. (2018). L'(in)efficacité économique de la peine d'amende. In Claverie-Rousset, C. *Analyse économique du droit et matière pénale*. LexisNexis.
De Jacobet de Nombel, C. (mai 2022). Synthèse – Recel et blanchiment en droit pénal des affaires. *J. Cl. Pén. des affaires,* Synthèse n°30.
De Jacobet de Nombel, C. (juillet 2022). Blanchiment. *J. Cl. Pén. des affaires*, fasc. N°10
De Montgolfier, J.-F. (2011). L'apport de la jurisprudence du Conseil constitutionnel au critère de la peine. In Malabat, V., Lamy, B., Giacopelli, M., & De Lamy, B. (2011). Droit pénal le

temps des réformes : actes du colloque des 7, 8 et 9 octobre 2009, à l'Université Montesquieu Bordeaux IV. Litec, coll. Colloques & débats. p.236.

Depambour-Tarride, L. (2001). Le juge dans la longue durée. *Droits*, n°34, p.41-50.

Detraz, S. (2019). Infractions fiscales et douanières. *RSC*, n°3. p.629-634.

Dezeuze, E. (mai 2014). Le profit tiré des abus de marché. *Gaz. Pal., 133*.

Dintilhac, J.-P. (2004). Quelle politique criminelle ?. In Ducouloux-Favard, C., Lopez, C., & Nadine, H. (2004). La criminalité d'argent : quelle répression ? Actes du colloque tenu à la première Chambre de la Cour d'appel de Paris le 14 novembre 2003 (Collection Grands colloques). Montchrestien. p. 246.

Drago, G., de Lamy, B. (2012). Les relations du droit pénal et du droit constitutionnel. In Saint-Pau, J.-C. (2012). Droit pénal et autres branches du droit : regards croisés. Actes du XXe congrès de l'Association française de droit pénal. Éditions Cujas, coll. Actes & études.

Dreyer, E. (dir.), Cassuto, T., Detraz, S. et autres (mai 2014). Dossier spécial sur le profit de l'infraction. *Gaz. Pal., 133.* p.5-38

Dreyer, E. (2014). Sur les fonctions respectives de l'amende et de la confiscation. *Gaz. Pal., 133.* p.16-17.

Ducouloux-Fayard, C. (2004). L'amende et son rapport avec le profit illicite. *LPA,* 54.

Ducouloux-Favard, C., Guerin, D. (31 octobre 1982). La confiscation en droit pénal français. *Petites affiches*, p.9.

Dulin, F.-X. (2019). Le rôle du parquet dans le choix de la sanction des infractions économiques et financières. *AJ Pénal, 1*, p.15

Eloi, C. (2014). Le droit selon Beccaria. *RJO,* 4. p.41-62.

Francillon, J. (2016). Infractions relevant du droit de l'information et de la communication. *RSC*, n°3, p.535-549.

Friedman, G.-M. (1983). West German Day-Fine System - A Possibility for the United States? *University of Chicago Law Review*. Vol. 50. p.281-304.
Fromageau, J., Gardou, C. (1980). La forêt, l'arbre, le bois. *Cahiers de l'université Paris-Sud XI.* Centres d'Orsay et des Sceaux, n°2. p.28.

Giacopelli, M. (2020). Le produit de l'infraction et le principe d'individualisation. *Annales de l'Institut de criminologie et de sciences pénales Roger Merle.* Vol. 1. p.145-156.
Gros, F. (2001). Présentation. In Antoine Garapon éd., *Et ce sera justice: Punir en démocratie.* Odile Jacob. p. 11-15.
Guérin, D. (2020). La chambre criminelle face à la confiscation : orientations actuelles. *Annales de l'Institut de criminologie et de sciences pénales Roger Merle.* Vol. 1. p.171-176.
Guérin, M.-C. (2018). Faut-il recourir à l'analyse économique du droit pénal ?. In Claverie-Rousset, C. *Analyse économique du droit et matière pénale*. LexisNexis.

Halley, P. (2022). Les peines créatives en droit de l'environnement canadien. In Fayre, A.-C. et autres (2022). *Droit pénal de l'environnement. Quelle consécration ?* Helbing Lichtenhahn, p.691-719.
Hideichi, M., Itsuji, Y., Jun'ichiro, F. et autres (1991). *Dictionnaire historique du Japon*, vol. 17. Maison Franco-japonaise.
Hispalis, G. (2005). Pourquoi tant de loi(s) ?. *Pouvoirs*, 114, p.101-115.

Ingrain, C., Lorrain, R., Voss, M. (2021). L'amende proportionnelle : enjeux. *AJ Pénal*, n°2, p.79
Ingrain, C., Lorrain, R., Voss, M. (2021). L'amende proportionnelle : état des lieux. *AJ Pénal*, n°2, p.75.

Jeandidier, W. (2019). Corruption et trafic d'influence. *Rép. Pén., 79*. Dalloz.
Jeuland, E. (2016). Une approche non utilitariste du contrôle de proportionnalité. *JCP G*. suppl. n° 1-2, p. 24.

Jung, H. (2012). Les traces françaises dans l'oeuvre de Johann Paul Anselm Feuerbach. *Les éclaireur du pénal.* L'Harmattan, coll. L'IRASCible, 3. p.93.

Kostomaroff, A. (2019). L'effectivité de l'exécution des peines de confiscation. In Ascensi, L., Beauvai, P. & Parizot, R. (2019). *La confiscation des avoirs criminels : nouveaux enjeux juridiques*. LGDJ.

Lagoutte, J. (2018). La répression du profit illicite. *Les colloques de l'ISCJ*, 3, p.55-78.

Langlais, É. (2010). Les criminels aiment-ils le risque ?. *Revue économique*, 61,p. 263-280.

Lascoumes, P., Nagels, C. (2014).Les victimes de la criminalité en col blanc. *Sociologie des élites délinquantes: De la criminalité en col blanc à la corruption politique.* Armand Colin.p.207-218.

Le Cannu, P. (2009). Rapport de synthèse. In Saintourens, B. (2009). *Dépénalisation, régulation et renouvellement des sanctions en droit comparé des affaires actes du colloque organisé le 3 octobre 2008.* Colloques & débats, n°24. Litec.

Lebrun, P. (2011). Le droit et l'arborescence du droit. *Guide pratique du droit de la famille et de l'enfant en action sociale et médico-sociale.* Dunod, p.3-30.

Le Poittevin, G. (1916). *Journal des Parquets,* p.58.

Lernell, L. (1979). Certains aspects philosophiques et sociologiques du problème des peines pécuniaires. *RSC*, n°3, p.187 et s.

Lévy, A. (2009). L'évaluation créatrice de valeur. *Nouvelle revue de psychosociologie*, n°8, p.93-103.

Lormant, F. (2019). La Révolution du Droit pénal (1791-1810). *Mél.* en *l'honneur de Christian Dugas de la Boissonny.* PUN-Edulor, p. 145-168.

Machado, M. R. & Pires, A. P. (2010). Intervention politique dans la sentence du droit ? Fondements culturels de la peine minimale. *Criminologie*, n°*43*(2), p.89–126.

Mainguy, D. (1999). Réflexions sur la notion de produit en droit des affaires. *RTD com.* p.47-61

Malabat, V. (2006). Le champ inutile du droit pénal : les doubles incriminations. *Mél. R. Otttenhof*, Dalloz. p.155.
Matsopoulou, H. (1995). La confiscation pénale dans le nouveau code pénal. *RSC*, n°12.
Mihman, A. (2014). La confiscation des profits illicites. *Gaz. Pal.*, n°133. p.9-11.

Nappi-Choulet, I. (2013). La financiarisation du marché immobilier français : de la crise des années 1990 à la crise des subprumes de 2008. *Revue d'économie financière*, n°110, p.189-206.

Ollard, R. (2018). L'incrimination pénale du profit illicite. *Les colloques de l'ISCJ*, 3, p.15-26.

Papathéodorou, T. (1993). De l'individualisation des peines à la personnalisation des sanctions. *RICPTS*. p.107.
Pelier, J. (1964). Réflexions sur le recouvrement des condamnations pécuniaires. Recueil Dalloz de doctrine, de jurisprudence et de législation. p. 223-224.
Perrier, J.-B. (2017). La mise en œuvre des sanctions pénales en droit économique. In Valette-Ercole, V. (2017). *Le droit pénal économique, un droit pénal très spécial ?*. Cujas, coll. Actes et études.
Perrot, A. (26 – 28 janvier 2003). L'efficacité des sanctions pécuniaires. *Gaz. Pal*, p.123 et s.
Philippe, X. (1990). *Le contrôle de proportionnalité dans les jurisprudences constitutionnelle et administrative françaises*. Economica et Presses universitaires d'Aix-Marseille.
Pignarre, G. (1994). Effet pervers des lois. *RRJ*, n°4.
Pin, X. (2004). La récidive: Aspects juridiques. In Bessoles, P. (2004). *Victimologie et criminologie. Approches cliniques.* Nîmes: Champ social, p.157-168.
Pons, N. (2021). La corruption, comment ça marche ? Fraudes, évasion fiscale, blanchiment. *Sécurité globale*, n°26, p.133-137.
Posner, R. (1980). Optimal Sentences for White-Collar Criminals. *American Criminal Law Review.*
Pradel, J. (2019). Du principe de proportionnalité en droit pénal. *Les Cahiers de droit*, 60(4), p.1129–1149.

Prorok, J. (2019). La répression civile. *RSC*, 2, p.313-325.

Rico, J. (1977). Notes introductives à l'étude de la criminalité des affaires. *Criminologie*, n°10, p. 8–28.
Rigaux, F. (1984). La fonction de la répression pénale dans un ordre juridique. In Punir, mon beau souci. Rev. Univ. Bruxelles. p.76.
Robert, J.-H. (2009). La punition selon le Conseil constitutionnel. Doss. La Constitution et le droit pénal. *Cah. Cons. const.* n °26.
Robert, J.-H. (2016). La marée montante de la proportionnalité, note sous Cass. Crim., 16 février 2016, n°15-82.732. JCP G., 14.
Robert, J.-H. (2017). Les confiscations et les mesures de leur proportionnalité. *JCP G*, n°13.
Roger, A. (1998). La notion d'avantage injustifié. *JCP*, n°11.
Royer, G. & Stasiak F. (2009). Pour une efficacité optimale de l'amende pénale : les apports de l'analyse économique du droit à la réforme du Code pénal. In Giacopelli, M, de Lamy, D. & Malabat, V. (2009) *La réforme du code pénal et du code de procédure pénale – Opinio doctorum*, coll. Thèmes et commentaires. Dalloz, p.290.

Saenko, L. (2014). La preuve comme produit de l'infraction. *Gaz. Pal.*, *133*, p.25-28.
Saenko, L. (2017). De la proportionnalité de la peine encourue. *Gaz. Pal., n°36*. p.73-76.
Saint-Pau, J.-C. (2015). L'interprétation des lois: Beccaria et la jurisprudence moderne. *Revue de science criminelle et de droit pénal comparé*, n°2. p.273-285.
Saint-Pau, J.-C. (2022). L'apport du droit pénal de l'environnement. In Lagoutte, J. (2022). *L'apport du droit privé à la protection de l'environnement*. Mare et Martin, coll. Droit, sciences et environnement.
Segonds, M. (2020). A la recherche d'une définition du produit de l'infraction (selon la loi pénale). *Annales de l'Institut de criminologie et de sciences pénales Roger Merle.* Vol. 1. p.115-131.

Sellin, J. (2018). Définir le sens de la peine : un travail de Sisyphe ? Le point de vue du juriste. *Rue Descartes*, 93, 120-127.
Sénac, C. (2020). Le contrôle populaire des élus. In Senik, C. *Crises de confiance.* La Découverte, coll. Recherches. p. 56-72.
Senat, D. (2020). La confiscation du produit de l'infraction. *Annales de l'Institut de criminologie et de sciences pénales Roger Merle.* Vol. 1. p. 197-204.
Simon, J. (2002). Quelques réflexions sur la sanction en droit des affaires. *Mél. En l'honneur de P. Bézard*, coll. Les Mélanges, LGDJ. p.151.
Sivieude, O. (2018). Comment lutter efficacement contre la fraude fiscale aujourd'hui ?. *Gestion & Finances Publiques*, n°3, p.35-42.
Sizaire, V. (2017). Que reste-t-il de la défense sociale nouvelle ?. *Rev. sc. Crim.*, p.261.
Sordino, M-C. (2012). De la proportionnalité en droit pénal. *Mél. en l'honneur du professeur Jacques-Henri Robert*. LexisNexis. p. 711-735.
Speyer, H. (1900). Le droit pénal anglo-indien. *La Revue de l'Université de Bruxelles*, vol. 5, p.501.
Sylvestre, F. (2018). Le poids de l'argument économique dans le choix de la sanction par le juge (*ab initio* et aménagement de peines). In Claverie-Rousset, C. *Analyse économique du droit et matière pénale*. LexisNexis.

Terré, F. (15 juin 2009). La proportionnalité comme principe ? *JCP G.*, 25. p. 52-57.
Thony, J. & Camous, É. (2013). Gel, saisie et confiscation des avoirs criminels : les nouveaux outils de la loi française. *Revue internationale de droit pénal*, n°84, p.205-216.
Tremblay, P., Therriault, G. (1985). La punition commune du crime : la prison et l'amende à Montréal de 1845 à 1913. *Criminologie*, 18(1), 43–76.

Van de Kerchove, M. (2005). Les fonctions de la sanction pénale: Entre droit et philosophie. *Informations sociales*, 127, 22-31.

Van de Kerchove, M. (2008). Le sens de la peine dans la jurisprudence du Conseil constitutionnel français. Rev. sc. crim. p.808

Van Honsté, V. (1975-1976). Politique criminelle et sanctions patrimoniales. *RD pén. Crim.*, p.407 et s.

Vanneuville, R. (2009). Les enjeux politico-juridiques des discours sur l'inflation normative. *Parlement[s], Revue d'histoire politique*, 11. p.80-91

Vergès, E. (2017). Procédure pénale. *RSC,* n°3, p.579-586.

Vessio, F. (2021). L'influence de l'analyse économique du droit sur la lutte contre la corruption internationale : incitation de *l'homo economicus* à la négociation et « efficience » de la politique pénale. *RSC*, n°2, p. 263-274.

Vigour, C. (2006). Justice : l'introduction d'une rationalité managériale comme euphémisation des enjeux politiques. *Droit et société*, n°63-64, p.425-455.

Vigour, C. (2018). Chapitre 6. L'enracinement d'une logique gestionnaire comme euphémisation des enjeux politiques. *Réformes de la justice en Europe: Entre politique et gestion,* Louvain-la-Neuve: De Boeck Supérieur. p. 221-280.

Xynopoulos, G. (2003). Proportionnalité. In Alland, D. & Rials, S. *Dictionnaire de la culture juridique*. PUF.

Zabalza, A. (2018). Le prix, la matière pénale et l'analyse économique du droit. In Claverie-Rousset, C. *Analyse économique du droit et matière pénale*. LexiNexis.

Rapports et avis

AFA, Procureur de la République Financier (26 juin 2019). *Lignes directrices sur la mise en œuvre de la convention judiciaire d'intérêt public*.

AGRASC (2021). *Rapport d'activité 2021*.

Airbus (2022). *Communiqué de presse sur les résultats de l'entreprise*.

ANTICOR (2016). *Projet de loi relatif à la transparence, à la lutte contre la corruption et à la modernisation de la vie économique – Les propostions de 14 organisations de la société civile.*

Commission des finances du Sénat, Lefèvre A. (2019). *Rapport d'information sur le recouvrement des amendes pénales.*

Commission des lois constitutionnelles, de législation, du suffrage universel, du Règlement et d'administration générale, Anziani A. & Klès Virginie (10 juillet 2013). *Rapport n°738 sur le projet de loi, adopté par l'assemblée nationale après engagement de la procédure accélérée, relatif à la lutte contre la fraude fiscale et la grande délinquance économique et financière et sur le projet de loi organique, adopté par l'assemblée nationale après engagement de la procédure accélérée, relatif au procureur de la république financier.*

Cotte, B. & Minkowski, J. (janvier 2018). *Rapport « Sens et efficacité des peines »*, Livret 05, Chantier de la Justice, janvier 2018, p.36.

Kopp, P. (2001). *Rapport sur la criminalité d'affaires : analyse économique de l'efficacité des sanctions pénales*, Mission de recherche droit et justice.

Latimier, C. (2022). La pratique des saisies pénales aux fins de confiscation au PNF.

Ministère de l'économie des finances et de la souveraineté industrielle et numérique (2023). *Le budget de l'État voté pour 2023 en quelques chiffres (loi de finances initiale).*

Ministère de la justice. (2022). *Les condamnations.*

Ministère de la justice (janvier 2022). *Rapport de politique pénale du Garde des Sceaux.*

Ministère de la justice (2023). *Lignes directrices sur la mise en œuvre de la Convention judiciaire d'intérêt public.*

Ministre de l'économie, des finances et de la relance (2022). *Document de politique transversale – Projet de loi de finances pour 2022 – Lutte contre l'évasion fiscale et la fraude en matère d'impositions de toutes natures et de cotisations sociales.*

PNF (2021). *Synthèse 2020.*

Saint-Martin, L., Warsmann, J.-L. (novembre 2019). *Rapport Investir pour mieux saisir, confisquer pour mieux sanctionner.*

Textes européens et internationaux

Convention n°141 du Conseil de l'Europe relative au blanchiment, au dépistage, à la saisie et à la confiscation des produits du crime adoptée le 8 novembre 1990.

Convention n°198 du Conseil de l'Europe relative au blanchiment, au dépistage, à la saisie et à la confiscation des produits du crime et au financement du terrorisme adoptée le 16 mai 2005.

Charte des droits fondamentaux de l'Union Européenne.

Directive 2014/42/UE du Parlement européen et du Conseil du 3 avril 2014 concernant le gel et la confiscation des instruments et des produits du crime dans l'Union européenne.

OCDE (1997). Convention sur la lutte contre la corruption d'agents publics étrangers dans les transactions commerciales internationales.

Lois

Loi n°92-683 du 22 juillet 1992 portant réforme des dispositions générales du code pénal.

Loi n° 2004-204 du 9 mars 2004 portant adaptation de la justice aux évolutions de la criminalité.

Loi n° 2007-297 du 5 mars 2007 relative à la prévention de la délinquance.

Loi n° 2010-768 du 9 juillet 2010 visant à faciliter la saisie et la confiscation en matière pénale.

Loi n° 2013-1117 du 6 décembre 2013 relative à la lutte contre la fraude fiscale et la grande délinquance économique et financière.

Loi n° 2016-1691 du 9 décembre 2016 relative à la transparence, à la lutte contre la corruption et à la modernisation de la vie économique.

Loi n°2018-898 du 23 octobre 2018 relative à la lutte contre la fraude.
Loi n° 2020-1672 du 24 décembre 2020 relative au Parquet européen, à la justice environnementale et à la justice pénale spécialisée.
Loi n° 2022-52 du 24 janvier 2022 relative à la responsabilité pénale et à la sécurité intérieure.

Décret

Décret n° 2019-460 du 16 mai 2019 portant création d'un service à compétence nationale dénommé « service d'enquêtes judiciaires des finances ».

Jurisprudences

Cass. crim., 22 janv. 1948, Bull. crim., n°26
Cass. crim., 5 juillet 1951, Rev. sc. crim., n°439.
Cass. crim., 20 février 1989, n°87-90.806.
Cass. crim. 30 sept. 1991, Gaz. Pal. 1992.
Cass. crim., 10 janvier 1996, Bull. crim. 1996, n°11.
Cass. crim., 20 juin 2006, n°05-86.491.
Cass. crim., 15 mai 2008, n°07-88.369.
Cass. crim., 8 avril 2009, n°08-83.215.
Cass. crim., 29 janvier 2014, n°13-80.063
Cass. crim., 6 mai 2015, n°14-87.902.
Cass. crim., 12 juillet 2016, n°16-82.455.
Cass. crim., 12 juillet 2016, n° 15-83.355.
Cass. crim., 28 septembre 2016, n° 15-84.485.
Cass. crim., 7 décembre 2016, n°15-86.897.
Cass. crim., 7 décembre 2016, n°16-80.879.
Cass. crim., 1er février 2017, n° 15-83.984.
Cass. crim., 1er février 2017, n°15-84.511.
Cass. crim., 1er février 2017, n° 15-85.199.
Cass. crim., 19 décembre 2018, n°18-85.712.
Cass. crim., 3 avril 2019, n°18-83.052.
Cass. crim., 7 mai 2019, n°18-84.033.
Cass. crim., 11 septembre 2019, n°19-81.040.

Cass. crim., 29 janvier 2020, n°17-83.577.
Cass. crim, 16 décembre 2020, n°20-83.309.
Cass. crim., 5 mai 2021, n°20-86.529.
Cass. crim., 19 avril 2023, n°22-82.994.

CEDH, Welch c/ Royaume-Uni, 9 février 1995, n°307A.
CEDH, Jamil c/ France, 8 juin 1995, n°317B.
CEDH, Cantoni c/ France, 15 novembre 1996.
CEDH, Chauvy et autres c/ France, 29 juin 2004.
CEDH, Jorgic c/ Allemagne, 12 juillet 2007.
CEDH, Kafkaris c/ Chypre, 12 février 2008.
CEDH, X et Y c/ France, 1er septembre 2016.

CJUE, 22 mai 2008, C-266/06, Degussa GmbH

Cons. const., 16 juillet 1971, n°71-44 DC.
Cons. const., 30 décembre 1987, n°87-237 DC.
Cons. const. 19 et 20 janvier 1981, n°80-127 DC.
Cons. const., 22 juillet 2005, n°2005-520 DC.
Cons. const., 21 févr. 2008, n° 2008-562 DC : JurisData n° 2008-010653.
Cons. const., 26 novembre 2010, n°2010-66 QPC.
Cons. const., 4 décembre 2013, n°2013-679 DC, Jurisdata n°2013-030673.

T. corr. Paris, 3 décembre 1993, *Gaz. Pal. 1994*, I, p. 352.

Œuvres artistiques et littéraires

Alighieri, D. (1472). *La Divine Comédie.*
Aristote. (1992). *Éthique à Nicomaque*. LGF, coll. Classiques Philo.
Dumas, A. (1850). *Le Vicomte de Bragelonne*
Nietzsche, F. (1887). La Généalogie de la morale (éd. 2023). Flammarion, coll. GF.
Platon (éd. 2016). *La République*. Coll. GF, Flammarion.
Scorsese, M. (Réalisateur). (2013). *Le loup de Wall Street* [Film]. Appian Way.

Zola, E. (1871). *La Curée.*

Autres sources

Ascensi, L. (22 novembre 2021). Saisies et confiscations pénales : un droit en pleine évolution (propos recueillis par Laurent Dargent). *Dalloz Actualité.* https://www.dalloz-actualite.fr/interview/saisies-et-confiscations-penales-un-droit-en-pleine-evolution

ENM (2022). *Programme pédagogique – Promotion 2022.*

Ingrain, C. & Lorrain R. (3 mars 2021). Les dysfonctionnements majeurs de l'amende proportionnelle (Propos recueillis par Maud Léna). *Dalloz Actualité.* https://www.dalloz-actualite.fr/interview/dysfonctionnements-majeurs-de-l-amende-proportionnelle

VIIIe Journée d'étude de la Commission de la Jeune Recherche en Droit Constitutionnel (2019). *Contrôler les gouvernants en France : où en est-on ?*

INDEX

Les numéros indiqués correspondent aux numéros de page.

TABLE DES MATIÈRES

Structures éditoriales du groupe L'Harmattan

L'Harmattan Italie
Via degli Artisti, 15
10124 Torino
harmattan.italia@gmail.com

L'Harmattan Hongrie
Kossuth l. u. 14-16.
1053 Budapest
harmattan@harmattan.hu

L'Harmattan Sénégal
10 VDN en face Mermoz
BP 45034 Dakar-Fann
senharmattan@gmail.com

L'Harmattan Cameroun
TSINGA/FECAFOOT
BP 11486 Yaoundé
inkoukam@gmail.com

L'Harmattan Burkina Faso
Achille Somé – tengnule@hotmail.fr

L'Harmattan Guinée
Almamya, rue KA 028 OKB Agency
BP 3470 Conakry
harmattanguinee@yahoo.fr

L'Harmattan RDC
185, avenue Nyangwe
Commune de Lingwala – Kinshasa
matangilamusadila@yahoo.fr

L'Harmattan Congo
219, avenue Nelson Mandela
BP 2874 Brazzaville
harmattan.congo@yahoo.fr

L'Harmattan Mali
ACI 2000 - Immeuble Mgr Jean Marie Cisse
Bureau 10
BP 145 Bamako-Mali
mali@harmattan.fr

L'Harmattan Togo
Djidjole – Lomé
Maison Amela
face EPP BATOME
ddamela@aol.com

L'Harmattan Côte d'Ivoire
Résidence Karl – Cité des Arts
Abidjan-Cocody
03 BP 1588 Abidjan
espace_harmattan.ci@hotmail.fr

Nos librairies en France

Librairie internationale
16, rue des Écoles
75005 Paris
librairie.internationale@harmattan.fr
01 40 46 79 11
www.librairieharmattan.com

Librairie des savoirs
21, rue des Écoles
75005 Paris
librairie.sh@harmattan.fr
01 46 34 13 71
www.librairieharmattansh.com

Librairie Le Lucernaire
53, rue Notre-Dame-des-Champs
75006 Paris
librairie@lucernaire.fr
01 42 22 67 13

www.ingramcontent.com/pod-product-compliance
Lightning Source LLC
LaVergne TN
LVHW021212061026
849535LV00008B/2704